ZHONG GUO DIAN JI YU WEN HUA

中国典籍与文化

第八辑

○ 国家图书馆古籍馆
○《中国典籍与文化》
编辑部 编

讲座丛书
第二编

國家圖書館出版社

图书在版编目(CIP)数据

中国典籍与文化(第八辑)／国家图书馆古籍馆 《中国典籍与文化》编辑部编 . —北京:国家图书馆出版社,2013. 12
(讲座丛书第二编)
ISBN 978 - 7 - 5013 - 5223 - 4

Ⅰ. ①中… Ⅱ. ①国… ②中… Ⅲ. ①古籍—中国—文集 ②中华文化—文集 Ⅳ. ①K203 - 53

中国版本图书馆 CIP 数据核字(2013)第 296288 号

书 名	中国典籍与文化(第八辑)	
著 者	国家图书馆古籍馆 《中国典籍与文化》编辑部编	
责任编辑	耿素丽	
出 版	国家图书馆出版社(100034　北京市西城区文津街7号) (原书目文献出版社,北京图书馆出版社)	
发 行	010 - 66114536　66126153　66151313　66175620 66121706(传真),66126156(门市部)	
E - mail	btsfxb@ nlc. gov. cn(邮购)	
Website	www. nlcpress. com→投稿中心	
经 销	新华书店	
印 装	河北三河弘翰印务有限公司	
版 次	2013 年 12 月第 1 版　2013 年 12 月第 1 次印刷	
开 本	787 × 1092(毫米)　1/16	
印 张	15. 75	
字 数	230 千字	
印 册	1000 册	
书 号	ISBN 978 - 7 - 5013 - 5223 - 4	
定 价	49. 00 元	

目 录

荣新江

沿着马可·波罗的足迹走访伊朗
——2012 年初考察纪要

　　荣新江　1960 年生于天津。现任北京大学历史系暨中国古代史研究中心教授、博士生导师，北京大学中国古代史研究中心主任，兼任中国敦煌吐鲁番学会副会长、中国唐史研究会副会长、高等院校古籍整理委员会委员、国家古籍保护工作专家委员会委员。主要从事敦煌吐鲁番学、唐代典籍和西域文献、中外关系史。主要学术著作有：《华戎交汇——敦煌民族与中西交通》《于阗史丛考》《敦煌学新论》《海外敦煌吐鲁番文献知见录》《中古中国与外来文明》《归义军史研究》等。主编《唐研究》第 1—17 卷。

元代时期来华的意大利威尼斯商人马可·波罗（Marco Polo, 1254—1324），在中国恐怕是一个家喻户晓的人物，他的旅行记不仅记载了他在中国的种种见闻，其实对于东西方丝绸之路上的许多地方，都有程度不同的描述，特别是对于古代波斯地区陆上丝路沿线的城镇以及海上丝路的出口霍尔木兹，他也有比较详细的记载。

《马可·波罗行纪》是记载东西方往来和物质、文化交流的重要典籍，遗憾的是我们目前仍在使用 1936 年冯承钧先生的译本。为此，北京大学国际汉学家研修基地开始一项"马可·波罗研究计划"，希望将《行纪》重新翻译并做详细注释。我们集合北大和部分北京地区研究中外关系史、元史、伊朗学的专家学者和研究生，在北京大学定期举行《行纪》读书班，也邀请海外学者参与其中。从 2011 年 10 月开始，德黑兰大学历史系的乌苏吉（Mohammad Bagher Vosoughi）教授来访，我们就把这一段时间的读书内容，集中在马可·波罗关于伊朗和从波斯湾起始的海上丝绸之路了。

与此同时，我们也利用各种机会，走访马可·波罗记录过的地方。2011 年底，我们应伊朗国家博物馆（National Museum of Iran）馆长大流士（Daryoosh Akbarzadeh）的邀请，前往德黑兰参加"历史上的中伊关系国际学术研讨会"（International Seminar on the Historical Relations between Iran and China），借此机会，我们走访了一部分马可·波罗曾经到过或记载过的地方，对于书本上的知识有了感性的认知和理解，在旅行中的讨论，也得到很多启发。

我们一行考察队员有（人名后括注专业）：北京大学外语学院的叶奕良（波斯语）、王文融（法语）、段晴（古代印度伊朗语）、王一丹（波斯语），考古文博学院林梅村（丝绸之路考古学）、齐东方（东西交涉考古学），历史系暨中国古代史研究中心荣新江（中古中外关系史）、朱玉麒（西域史），清华大学美

3

术学院尚刚（工艺美术史），中国人民大学国学院孟宪实（隋唐史、西域史），各有专攻，是一支学术起点非常高的专业队伍。

图 1　考察队员

简单说来，我们是 12 月 29 日从北京启程，飞迪拜，30 日转飞德黑兰。31 日参加伊朗国家博物馆举办的"历史上的中伊关系国际学术研讨会"。2012 年 1 月 1 日往加兹温（Gazvin）参观。2 日从德黑兰沿卡维尔沙漠的边缘往东南行，先到卡尚（Kashan），顺访席亚尔克（Sialk）考古遗址，晚上住伊斯法罕。3 日参观世界之画广场（Naghch-e Jahan Square），广场周边分布三大建筑群，即伊玛姆清真寺（Imam Mosque）、谢赫·卢特夫拉清真寺（Sheikh Lotfollah Mosque）和阿里·卡普宫（Ali Ghapu Palace，意为壮丽之门宫殿），然后到四十柱宫（Chehel Sotun Palace），晚上到纳因（Nain），访纳因大清真寺（Jame Mosque of Nain）和亚兹德（Yazd）古堡，马可·波罗曾经过此地。晚住亚兹德。4 日考察琐罗亚斯德教的静寂塔（Silence Tower）遗址，以及琐罗亚斯德教的拜火寺庙（Fire Temple），又参观水博物馆，最后去看 11 世纪十二伊玛目（Davazdah）的墓葬。下午从亚兹德出发，往设拉子，路程很长，有 400 多公里，要翻越崇山。晚上天刚黑，赶到居鲁士墓时，已经关门。

住设拉子。5日参观波斯波利斯（Persepolis）雄伟的宫殿遗址，这里伊朗语称塔赫特·加姆西德遗址（Takhte Jamshid complex）。然后到帝王谷，看到书中常常见到的鲁斯塔姆之像（Naghshe Rostam）。6日到菲鲁扎巴德城（Firouzabad）的萨珊王宫，回城后到哈菲兹（Hafez）陵园参观。晚乘伊朗航空公司班机，飞阿巴斯港（Bandar Abbass）。7日乘小船往霍尔木兹岛（Hormoz Island），回来后参观博物馆。晚乘伊朗航空公司航班飞迪拜，8日凌晨3点多，转乘阿联酋航空公司班机飞北京。

我们出发之前，听闻美国马上就要和伊朗开战，霍尔木兹海峡即将封锁。因此，我们的时间安排较为紧张，而限于时间和经费，只能尽可能地走马可·波罗走过的主要道路，匆匆忙忙，没有时间细致调查，但此行还是有不少收获。有关伊朗的内容占据了《马可·波罗行纪》很大的篇幅，现结合《马可·波罗行纪》的相关记载，简要记录我们走过的一些与马可·波罗研究相关的地点。

《马可·波罗行纪》前面有一段关于波斯八国的叙述，这八国其实是八个大区，即可疾云（Casvin）、曲儿忒斯单（Curdistan）、洛耳（Lor）、泄剌失（Cielstan）、亦思法杭（Ispaan）、设拉子（Çiraç）、孙哈剌（Soncara）、秃讷哈因（Tunocain），我们到过的是可疾云（加兹温）、亦思法杭（伊斯法罕）、设拉子。《行纪》还有两处讲亚兹德和霍尔木兹。以下就按照我们的行程顺序，记录一下我们的考察见闻和心得。

加兹温在德黑兰以北，非常安静，但城市面貌比较陈旧，像中国上世纪80年代的城市面貌，那里的人都非常友好。我们先到加兹温四十柱宫博物馆（Gazvin Chehelsotun Museum），那里是一座古老的建筑，有三层，原来的壁画已经不够清晰，但更有古朴的美。陈列品主要是一些书法作品，其中包括一件赛尔柱时期的书法，据说是伊朗现存最古老的书法，而12世纪的纸也是难得一见的。加兹温博物馆（The Museum of Gazvin）是一所新建的博物馆，从一座王宫里移来一些文物，比较简单。但是有一些将来值得仔细调查，比如说马可·波罗时代伊朗出土的钱币，还有一些陶瓷。比马可·波罗晚一些的当地学者穆思妥菲·可疾维尼（Hamd-Allāh ibn Abī Bakr Qazwīnī）在1340年完成的《心之喜悦》（*Nuzhat al-Qulūb*）一书，是我们今天研

图2　加兹温博物馆

究《马可·波罗行纪》的重要参考文献。比如《行纪》在叙述了波斯八国之后说："此诸城中有大量商人和工匠，以贸易和手工业为生，他们制造金和丝的各式衣料。此处出产大量棉花、小麦、大麦、粟、牧草及各种谷物。还出产大量葡萄酒、各种水果、极大极好的波斯葡萄。"①在《心之喜悦》的地理部分，就有对加兹温物产的详细记录："可疾云气候温和，用地下水渠取水，城中有许多花园，在一年一度的雨季这些花园得到充分的浇灌。城中大量出产葡萄、杏和阿月浑子。在雨季之后，人们立刻种植瓜和西瓜，这些植物不需要灌溉，果实极其甜美。在大部分季节，玉米和葡萄都很便宜，面包非常好，葡萄和李子品质极高。有大量牧场和禁猎区，主要为骆驼提供草料。这里的骆驼最好，价格也远远高出别处。"这些记载把马可·波罗笼统所说的内容细致化，有些物品可以一一对应。

我们在主人的帮助下，特意找到了《心之喜悦》作者的墓，这里一般人是不会来参观的，墓在一个安静的院落中，保护得很好，墓室里还有两个小玻璃柜子，放着穆思妥菲的书，包括波斯文本的《心之喜悦》。这本书的确很重要，马可·波罗提到或走访过的伊朗城镇，书中都有详细的记载。阿拉伯和波斯的

图3　穆思妥菲·可疾维尼之墓

地理学是非常发达的，记录得非常详细，这是我们在详细考释《马可·波罗行纪》时必须要借助的材料。

　　我们从德黑兰南下的第一站是伊斯法罕，现在的中国人一般都知道这个地名。这里有著名的三十三孔桥（Siose Pol），又称阿拉维尔第汗桥（Allahverdi Khan），桥有三十三孔，分上下两层，用灯光一照，远远望去，分外别致美观。还有哈朱桥（Khaju），桥头蹲着的狮子，奇特壮观。这些不由得让我们想起马可·波罗所记录的汗八里（北京）的卢沟桥，他称之为普里桑乾桥②。关于伊斯法罕，马可·波罗只有上面对八个城市的总体概说。《心之喜悦》则有对伊斯法罕的详细记录："伊斯法罕一带过去有四个村子，这四个村子连同周边地区后来被建成了伊斯法罕城，逐渐扩张变成了一个大城市。城墙长达21000步。该城有44个区和大门。那里气候温和，夏天不太热，冬天不太冷，适合居住。地震、雷灾和雨灾都很少发生。土壤很好，适合谷物生长，慢性病和瘟疫都极少发生。赞德河（Zayandah Rūd）流过城外西南方向。该城水井中的水一般深达五、六肘，井水和河水都很好，一切作物都能丰收——除了石榴。小麦和其他夏季作物特别好，水果极其美味，尤其是苹果、榅桲、ba-

图4 伊斯法罕的三十三孔桥

khli 和鄂脱玛尼（Othmānī）梨、黄李和杏，西瓜非常甜。这里的水果出口到印度和希腊。该城有许多学院、德尔维希修道院（Darvīsh-house）和许多虔诚的机构。大部分居民是逊尼派，信仰虔诚。"伊朗很多城市都缺水，而伊斯法罕城市中间有大河流过，所以伊斯法罕非常干净。城市中间最著名的是伊斯法罕城中心的王宫广场，称作世界之画广场或世界映像广场，据说中国明朝的使者来的时候，曾在广场南面的王宫——阿里·卡普宫（意为壮丽之门宫殿）的露台上陪阿巴斯大帝看广场上打马球的活动，场面壮观。这个广场非常宽阔，中间有水池。广场旁边与王宫相对的是谢赫·卢特夫拉清真寺，而广场东面是伊玛姆清真寺，它的门朝西边，但是一进大门，整个建筑向右斜着，目的是为了朝着麦加的方向，所以，整体建筑既和广场融为一体，又保证了清真寺建筑的基本方向。现在广场的四周都是巴扎，有长长的一串店铺，里面卖各种工艺品，伊斯法罕是以她的手工艺品而著称的。

我们在赶往亚兹德的路上，天渐渐黑下来了。我们匆忙参观了一个只有单塔的老清真寺——纳因大清真寺，它实际上是一个拜火教寺庙改造的。清真寺里面有个阶梯式讲坛，矗立在那里的小楼梯据说在伊斯兰世界里排名第三。

亚兹德，从这个名字就可以知道，这个城市源自古老的琐

8

图5　伊斯法罕城中心的王宫广场

图6　纳因大清真寺

罗亚斯德教,虽然在伊斯兰化以后波斯地区的琐罗亚斯德教徒
大量东迁到印度孟买地区,而留在伊朗的拜火教徒主要集中在
亚兹德地区。英国学者博伊斯(Mary Boyce)所著《伊朗琐罗
亚斯德教村落》③,就是对亚兹德地区的一个村落的调查结果。
第二天早上我们去了郊外的静寂塔,这里对于我们研究祆教、
粟特的人是很震撼的。过去我们看到的粟特的纳骨瓮都是单个

图 7　琐罗亚斯德教的静寂塔

图 8　现代的琐罗亚斯德教拜火神祠

的，很小，而这里的静寂塔有高大的围墙，里面可以放几十人
到上百人，建筑在一个个小山顶上，用来处理拜火教徒的尸体。
在亚兹德城里，我们去了一所琐罗亚斯德教的拜火神祠，完全
是现代的。神祠上面有阿胡拉玛兹达像，其基本格局应该是古
代琐罗亚斯德教的拜火神祠的延续。隔着玻璃窗，我们可以看
到那永不熄灭的圣火。在亚兹德城内一个古老的社区，我们去

了一个由祆教的祠庙改造成的伊斯兰的陵墓，它现在是清真寺的样子，但建筑的顶部是八棱形的，仍然保留了琐罗亚斯德教的建筑痕迹。过去我读博伊斯纪念文集里有人专门写从祆教神祠到清真寺演变的研究论文，他用了两个例子来讲清真寺哪一个部分原来是火祆教神祠的哪个位置④，这次终于看到了真实的个案。这个社区还有几个队商旅店，大致的结构还是马可·波罗停住时的样子。

图9　由祆教的祠庙改造成的伊斯兰的陵墓

马可·波罗的时代，琐罗亚斯德教已经比较遥远，他在这里的关注点是商品和贸易："耶思德（Iasd）在波斯边境，是一座很好的繁荣的城市，值得特别讲述，这里有各种贸易和最美的金和丝制成的衣料，这里制造的此种衣料叫耶思底（Iasdi），商人将其贩往东方各地售卖，获高额利润。"今天看来，亚兹德并不是那么繁荣。他讲到的用金和丝织成的衣料，应当就是元代史料中的纳石失⑤，元朝皇帝、大臣、近侍参加宫廷大宴的礼服都用这种加了金线的丝织品制成，西方来的传教士说他们的服装金碧辉煌。马可·波罗是商人，他对物品和买卖记录得非常仔细，这些商品我们可以用出土和传世文物去印证，有些甚至现在还在生产，我们在亚兹德就访问了一家古老的纺织作坊。在伊朗地区出土的文物和传统工艺，是我们研究《马可·波罗行纪》时要加以关注的研究课题。

下一站我们到了设拉子。设拉子现在是伊斯兰世界的一个中心城市，其实也是伊朗古代文明最为核心的地方，著名的波斯波利斯、菲鲁扎巴德萨珊王宫都在这个地区。伊朗大体上可以分为南北两部分，古代伊朗有时候是北方人胜利，统治了整个伊朗；有时候是南方人胜利，统治了北方，形成一个帝国。

11

图10　一家古老的纺织作坊

图11　伊斯法罕的手工艺者在打制银器

伊朗南部的古迹众多。我们专门去了菲鲁扎巴德的萨珊王宫，在山顶上的那座王宫我们没有来得及去，我们去了在平地上的那座。这是萨珊波斯时代（226—650年）的王宫，它的建筑里面是整齐的，外面是凹凸不平的，并不像中国的建筑，讲究外面的平整。我们在王宫里面可以看到一些蒙古人到来后改造的样子，如王宫入口的门道，伊朗传统的门道都是在门外的左右两边向下走，由于蒙古人骑马，走两边不方便，所以就把两边

图12　菲鲁扎巴德的萨珊王宫

的坡道废弃了，用土埋上，结果把窗户都埋上了，他们在门前修一条直接的坡道上去。

马可·波罗对设拉子只有在波斯八国部分有简短的记述，我们在《心之喜悦》的相关部分可以找到大致同时代的描写："设拉子建于伊斯兰时期，是伊斯兰中心。这里气候适宜，有各种贸易，大街上总是充满香料的气味。居民用地下水渠取水。葡萄非常好，柏树也长得极好。当地人消瘦，棕色皮肤，多是逊尼派，也有什叶派。"这里所说的地下水渠就是坎儿井，中国新疆的坎儿井，有人说是从汉代的井渠来的，王国维曾经写过文章。但维吾尔语称坎儿井为 Karez，来自波斯语；坎儿井的发掘方法和功能也和波斯地区一样，而波斯早在阿契美尼德王朝（前553—前334年）时期就有坎儿井了，比西汉还要早，所以从传播的角度来看，新疆的坎儿井一定是从波斯来的⑥。

为了节省时间，我们从设拉子飞到了阿巴斯港。阿巴斯港是现在波斯湾的贸易中转站，不过这一地位在不同的历史时期在不同的地方转换，在马可·波罗来到波斯湾的时候，这里的中心城市是陆上的霍尔木兹（元朝时称"忽里模子"），遗址在米纳卜南约十公里处 Kumbil 村旁边。马可·波罗第一次来到这里时，本来是想从海路去中国，但他觉得这里造的船不够结实，所以又转向东北，走陆路，经伊朗荒原和中亚沙漠地带，前往

13

中国。我们这次没有机会去旧霍尔木兹，据说也没有什么遗迹了。《马可·波罗行纪》称："骑行两日，至上述大省边缘，可见大海，在海岸边有一座城市唤作忽里模子（Curmos），城中有一良港。我要告诉你们，所有来自忻都各地的商人以船载着各种香料和其他货物来此城中，卖与他人。这些货物是宝石、珍珠、各色用金和丝织就的布料、象牙和许多其他货物。又是该城之商人将这些货物转贩世界各地。该城确实商业繁荣。"可以从中想见当时的辉煌。

马可·波罗从中国返回，再次来到霍尔木兹。但不久后，霍尔木兹受到来自北方的游牧民族的毁灭性打击，于是整个城市搬迁到 Järūn（Järäūn 或 Zärūn）岛上，但仍使用霍尔木兹这个名字，这就是今天距阿巴斯港不远的现在的霍尔木兹岛。我们

图 13　开往霍尔木兹岛的电动小船

乘坐十分简陋的电动小船，大约 40 多分钟到达霍尔木兹岛。岛上不能种任何庄稼，都是盐碱地，但是它在 14 世纪时，曾利用转口贸易，达到十分辉煌的景象，全岛最多时可以养活 5 万人，完全靠经营海外贸易和转口运输。现在岛上已经没有任何贸易产业，只有一些打渔和从事旅游业的人。我们环岛走了一圈，由于挖掘盐晶和红土的缘故，只有一个遗址可看，就是 1515 年葡萄牙人占领该岛后建的一座军事堡垒，包括衙署、教堂、监

图 14　葡萄牙人的军事堡垒

狱等设施。这个堡垒最多的时候有 4000 人住在里面，现在还有
一些古老的炮，和一些从各处收罗来的阿拉伯、波斯文墓碑。

　　马可·波罗还详细描述了霍尔木兹地区的船："该城之人拥
有许多船只，然其船极劣，十分脆弱危险。因其不似我等用铁
钉子固定，常有船只沉没。因其船用一种特定的如陶器般易碎

图 15　缝制的古木船

的坚木制成，一旦钉子钉进去，硬木便反作用于自身，因此毁坏。其人小心翼翼地用铁钻头在厚木板的各端钻洞，再用小木钉固定，然后他们用一种'忻都胡桃'（椰子）树皮做成的粗绳捆绑或缝系厚木板。该绳海水浸之不烂，可以持久，然不能御风暴。其人既无铁制钉，故以木制钉固定船只，再用上述粗绳缝系。所以乘此船者危险堪虞，我告诉你们由于忻都海极为可怕，常有大风暴，船只沉没不少。"我们也在港湾处看到了这种缝制的古木船，上面是用树绳把一片片船板缝上，下面吃水的部分就用沥青把缝隙堵上。马可·波罗觉得这种船很不保险，所以没敢坐这种船去漂洋过海。

这次借去伊朗开会之机，在山雨欲来的风声吹拂中，我们从北到南，走马观花式地考察了部分马可·波罗在伊朗走过的地方。从学术的角度来思考，此行主要有以下几个方面值得进一步总结：

一、伊朗地区保存了大量中国的文物，值得我们加以整理和研究。比如伊朗国家博物馆收藏的青花瓷，有900多件，据他们说其中元青花有30多件，其中有些是元、明王朝的赠物，有些是贸易所得，其中很多精品，我们在国家博物馆库房中看

图16　伊朗国家博物馆收藏的青花瓷

16

到几件，上面有阿巴斯大帝打上的波斯文印记。这批瓷器有相当部分还放在大不里士（Tabriz）附近的伊利汗国王宫里。伊朗国家博物馆馆长非常希望我们组织人跟他们合作，把这900多件瓷器整理出来，出版图录。海外收藏的青花瓷不少，在土耳其的托普卡比宫（Topkapi Palace）也有一批，因为土耳其跟西方关系密切，所以其藏品已经过充分研究。而伊朗的部分，学界所知不多。《波斯艺术综览》里收了一些，有些学者也看过一些，但没有系统地整理出版过，很值得合作研究刊布。而且，在伊朗的一些地方博物馆或者考古陈列室里，也有从中国来的瓷器，值得调查研究。

　　二、从《马可·波罗行纪》的伊朗部分来看，我们不能仅仅从一个访古的角度去看他对世界的记录，其实马可·波罗并不访古，他是一个典型的商人，更注意的是当时的商品的情况和如何贩卖。同时，我们也应该关注马可·波罗关于山川、道路的记录，这些对于商人有举足轻重意义的事项，我们不要轻易略过。比如伊朗特别重视水，马可·波罗也经常记载他们怎么保存水、利用水。我们一行在各地的波斯王宫和富有人家的庭院里看到的情景，基本上都是一进去就是一个水池。伊朗的坎儿井也十分壮观，我们在亚兹德时参观了一个水博物馆，里

图17　卡尚的 Fin Garden

面有一个很长的坎儿井的模型以及有关坎儿井的各种文物和图示。马可·波罗其实没有意识到坎儿井，在起儿漫的首都设拉子时，他说："沿河地表有一些洞穴，为河流侵蚀而成，可见水流，随之又入地下。"其实这种洞穴我们在路上经常看得到，和新疆吐鲁番地区的一样，上面盖着木板之类的东西，底下就是坎儿井的竖穴，其实他看到的就是坎儿井。伊朗坎儿井里流的水主要是地下水，不像新疆那样是天山上的雪水。波斯人在山坡上发现地下水所在的时候，就打一个深井，有阶梯下去，从地下向城中开凿。坎儿井水道在进入城里之前，都有水窖，把一部分水储存下来，然后分流进入城市，再通到很多家里面。私家的坎儿井会有一个是继续流的清水，还有一个污水道，很短，慢慢就渗到地下了，非常合理。水通过这个城后，然后再分散开来浇灌农田。有些坎儿井继续向前，浇灌下一个城镇，所以有的坎儿井非常长。正是由于伊朗地区坎儿井发达，蒙古军队在攻打一些城市的时候，就会利用这些地下的通道进入城市，或者断绝城中的水源，逼其投降。

讲座 丛书

图18 水窖

三、《马可·波罗行纪》涉及许多宗教问题。马可·波罗从设拉子往东北走的时候，特别记载了一棵大的"独树"，这棵树在伊朗历史上有很多传说，它原来是一棵琐罗亚斯德的圣树，穆斯林来了以后要砍伐它，结果要砍伐的哈里发就死了。这种树我们在去居鲁士墓的路上也看到了一棵，类似的这种树早在波斯波利斯的浮雕上就有了，这是一个很特别的柏树树种，很高大，生存年代很长，所以它与伊朗的宗教演变史息息相关。对于马可·波罗的研究，离不开对风物、对文物、对一些事件、对一些宗教故事的清理，特别是马可·波罗记载的教派纷

图 19　独树

争，也是一项重要的课题。马可·波罗自有其基督教的背景，所以他对穆斯林有一些不好的记载，而对于当地的基督教则多有关照，所以应当细致研究当时的不同宗教。

图 20　波斯波利斯

四、马可·波罗是元代中国与西方交往的一个典型，而且他走过陆路，也走过海路，为我们留下丰富的记载。但马可·波罗并非当时丝绸之路上唯一的旅行者，还有许多商人、使者、传教士也穿行其间，有的还留下了记载。我们希望借《马可·波罗行纪》为引导，来推进伊斯兰时期或者是 13 世纪前后东西方文化交流的研究。但是仅就伊斯兰时期的中伊关系史来说，要透彻地加以研究，也需要关注从波斯帝国一直到马可·波罗时代伊朗的历史和文化。我们这次走访过的波斯波利斯，应该是最辉煌的伊朗文明的遗迹，要了解马可·波罗时期的伊朗文化因子的来源，也还是要追溯到大流士皇帝的辉煌时代。同样，对于伊朗这样一个热爱自身传统与文明的国度来说，从今天的现实生活中寻找马可·波罗时代的伊朗影响，也一样值得重视。

图 21　伊斯法罕一家工艺美术品商店

伊朗是马可·波罗用了相当多的篇幅描述的地区，我们短暂的旅程无法走遍马可·波罗到过的地方，但实实在在地踏上伊朗的土地，对于《马可·波罗行纪》的有关记载自然有了更深层的理解。

(本文图片由朱玉麒提供)

注释：

①本文所引《马可·波罗行纪》及其他外文古籍译文，均为马可·波罗读书班的译稿，谨此对读书班成员表示感谢。因为译本尚未最后确定，请勿引用。

②参看张广达《从"普里桑乾"桥谈起》，《人民日报》1978年9月4日第6版。

③Mary Boyce，*A Persian Stronghold of Zoroastrianism.* Oxford：Clarendon Press，1977；中译本《伊朗琐罗亚斯德教村落》，张小贵、殷小平译，北京：中华书局，2005年。

④M. Shokoohy，"Two Fire Temples Converted to Mosques in Central Iran"，*Papers in Honour of Professor Mary Boyce* (*Acta Iranica* 25)，Leiden 1985，pp. 545—572.

⑤尚刚：《纳石失在中国》，叶奕良编：《伊朗学在中国论文集》第3集，北京：北京大学出版社，2003年，第144页。

⑥ E. Trombert，"The *karez* Concept in Ancient Chinese Sources：Myth or Reality？" *T'oung Pao*，94，2008，pp. 115—150.

典籍与文化 8

本文原载《国际汉学研究通讯》第5期，北京：中华书局，2010年。承蒙该刊同意转载，谨致谢忱。

孟宪实

伊朗
——历史与现实之间

　　孟宪实　1962 年出生于黑龙江省讷河县。南开大学历史系中国历史专业本科毕业。硕士和博士就读于北京大学历史系中国古代史隋唐史研究方向。2001 年 7 月任教于中国人民大学中文系。2002 年 9 月，转入中国人民大学历史系。2005 年 8 月，调入中国人民大学国学院。现任国学院教授、博士生导师、副院长。主要著作有：专著《汉唐文化与高昌历史》《敦煌民间结社研究》《孟宪实读史漫记》《孟宪实讲唐史》等；共同主编《新获吐鲁番出土文献》《新获吐鲁番出土文献论集》《秩序与生活：中古时期的吐鲁番社会》等。

首先对大家表示感谢。今天是周末，大家牺牲休息时间来
这里听一场讲座，这是一个看不见摸不着、而且跟我们的生活
距离十分遥远的话题：伊朗的古代历史。今年冬天最后一场雪
被我们赶上了，窗外的北海公园，银装素裹，希望我们的讲座
风景独好，不输给外面美景。

一、历史荣誉

伊朗这个国名是 1935 年才正式诞生的，这是伊朗正式确定
的国家名称。1935 年之前，伊朗都叫波斯。为什么把好好的一
个波斯，这么一个传统悠久的国家改称伊朗呢？这个情形也是
很清楚的。第一是要有利于伊朗境内的民族团结。第二，重新
点燃伊朗人的民族自豪感。伊朗这个国家名字，意思就是"雅
利安人的土地"。现在已经很少有国家在强调种族了，特别是强
调血缘的高贵性，如果有的话，在民间和社会上还是存在的，
而在国家层面，伊朗是比较典型的。

伊朗人特别愿意告诉别人，他们是真正的雅利安人。此外，
还有德国和印度，这三个国家是目前在世界上都愿意以雅利安
人自居的国家，而最突出的是伊朗。"雅利安人的土地"，也有
纯正的雅利安之意。其实，"雅利安人"是一个含义不是特别清
楚的种族概念。在公元前的两三千年，大概在中亚和南俄罗斯
这块地方，有一个游牧民族，或者说有一些游牧民，他们后来
四处征服，南边打到了印度，推翻了印度的当地政权，建立了
后来的雅利安人政权。向西，他们到达了伊朗。日耳曼人也号
称是雅利安人的后裔。因为在民族发展过程中，血缘的混同是
基本规律，纯正血统其实是不存在。但是，这种强调血统纯正
的认识和重视却是有意义的，它对于唤醒民族内部的自豪感，
具有很实在的意义。伊朗现在也是伊斯兰教国家，也是穆斯林
的社会，这在它的国旗上有清楚的表征。如文字部分是赞美真

主伟大的。绿色代表农业，象征生命与希望。白色象征圣洁和纯洁。红色表示伊朗的矿产丰富。伊朗真是一个富有矿产的国家，石油、天然气储藏量都很大，输出量也很大。强调雅利安的血统性，也突出了伊朗在伊斯兰世界的特殊性。为什么？因为伊斯兰教最初是从阿拉伯人开始的，阿拉伯帝国曾经统治欧亚大陆很久，目前众多的阿拉伯人信仰的是逊尼派，伊朗人不仅在人种上与阿拉伯不同，在伊斯兰宗教信仰上，他们属于少数派，即什叶派。

说到伊朗人的历史荣誉，这要从哪里说起呢？我们要从古代波斯帝国说起。

1. 波斯帝国之前的诸帝国

在伊朗的邻国伊拉克，有两条名气特别大的河流，一个叫底格里斯河，一个叫幼发拉底河，这就是早期人类历史必须大书特书的两河流域。从两河流域到地中海沿岸，从叙利亚、腓尼基到希伯来人居住的地方，被称作新月地带，历史学家管它叫做新月的沃地。这个地方特别富饶，地中海东岸一直到两河流域。从这里再往下走就可以进入埃及，进入到非洲北部。在苏伊士运河挖掘之前，这个地方从阿拉伯半岛到非洲北部是畅通无阻的。所以古代在西亚兴起的帝国，很容易就打到北非去，与古埃及去争霸，原因就是这两个地方在地理关系上属于近邻，或者说是毗邻区。近代有了苏伊士运河以后，西亚和北非才被人为地隔开。古代西亚，因为地域辽阔，交通便利，吸引周边各种势力的密切关注，于是这个地区就出现了一个"特产"，那就是帝国。在波斯帝国兴起之前，这个地区已经存在过好几个古代帝国，那最有名的、对人类影响很大的就是古巴比伦王国。

古巴比伦王国出现在公元前 2200 年左右。古巴比伦王国有一些遗址保存至今，就在伊拉克。而文物主要保存在英法博物馆。在伊拉克国家博物馆，原来珍藏着人类历史上最珍贵的一批文物，其中不少与古巴比伦王国有关。但是在这次美军入侵的时候，伊拉克博物馆被抢劫一空，所以这批文物也都不知去向。古巴比伦王国水利和对外贸易发达，手工业分工明细，但最有名气的是他们的《汉谟拉比法典》，这要归功于王国的第六代国王汉谟拉比，而这个法典是古巴比伦王国鼎盛时期的重要标志。汉谟拉比把法典刻在一个玄武石石柱上，这个石柱现藏在大英博物馆，在伊朗国家博物馆可以看到它的复制品。《汉谟拉比法典》对于人类法律文明有很大的影响。

古巴比伦后来被赫梯人灭亡，赫梯人所建立的帝国就称作赫梯帝国。赫梯人的帝国影响也很大，时间是公元前 12 世纪到前 8 世纪。在此期间，赫梯人花费了很大的工夫跟古埃及争夺地区霸权，那差不多就是人类顶端的霸权。因为此时此刻，整个人类都处于悄无声息的状态。赫梯帝国对人类也有很大的贡献，现在大家认为，赫梯帝国的铁制工具很发达，人类超越青铜时代进入铁器时代，这是在赫梯人的带领下完成的。

赫梯之后是亚述帝国，他们在公元前 8 世纪崛起，迅速成为两河流域最大的帝国。亚述帝国依靠军事征服占据辽阔的土地，所征服的地区派遣帝国官僚进行统治。不过，这个亚述帝国的强盛期不超过一百年，军事征服不能保证永久的胜利，而一旦失败，帝国的基础就丧失了。公元前 7 世纪末，亚述帝国遭到多方攻击，帝国很快土崩瓦解。取而代之的是新巴比伦王国。新巴比伦王国在亚述帝国的基础上，版图又有扩张，他们最著名的事件是攻陷耶路撒冷。希伯来人进入巴勒斯坦地区是在公元前 2000 年代后期，他们由两大部落联盟组成，北方的联盟叫以色列，南方的叫犹太，而犹太以耶路撒冷为中心。公元前 8 世纪末，亚述帝国灭亡了以色列，以色列的民众成为俘虏。犹太则动用了大笔金钱，保证自己的残存状态。但是，到了新巴比伦王国的时候，犹太再也没有幸运的机会了，大约公元前 597 年，耶路撒冷陷落，所有的犹太人被带走，成为历史上有名的"巴比伦之囚"。新巴比伦王国的存在时间也不长，如果从公元前 630 年算起，那么到公元前 539 年巴比伦被波斯王居鲁士攻陷，也不过一百年的历程。

2. 波斯帝国

波斯帝国之前的帝国，都有属于自己的历史贡献，但是相对于波斯帝国而言，他们都有点像序曲，如同都是为了迎接一个更加伟大的帝国到来一样。当然，我们在这里对这些帝国的叙述实在过于简略。波斯帝国的历史之所以与众不同，大约有两个方面的问题，第一，波斯帝国的历史不是靠地下考古才得以认识的，所以波斯帝国的很多故事早就成为经典，流传甚广。此前帝国的知识，皆有赖于近代的考古发现，包括发现的古代文字，如楔形文字和泥板等等，对于近代以前的人类而言，这些古老的帝国如同没有存在过一样。所以，波斯帝国的故事更富有传奇性，在人类尤其是西方的历史知识体系中，波斯帝国的存在和形象是经久不衰的，因为西方第一部历史著作即希罗多德的《历史》，就给予波斯帝国以巨大的篇幅，《历史》一书给波斯帝国所做的定性分析，是西方历史教育的常识。第二，波斯与此前的帝国有所不同，在于此前帝国都没有明确的历史继承人，而波斯帝国的后人就是伊朗。有没有继承人，这似乎对于历史研究而言并不是一个问题，但事实是，历史一旦与现实有了实际联系，那么历史认识和历史研究就无法避免感情的存在。随手翻翻《伊朗旅游指南》（法劳马勒齐著，叶奕良翻译，世界知识出版社，2000 年），到处都可以看到 "2500 年以来" 这样的句式。公元前 550 年，居鲁士建立了波斯帝国，这就是伊朗历史的开始。美国人丹尼尔著《伊朗史》（李铁匠译，东方出版中心，2010 年），前言第一句话 "伊朗有近 3000 年的历史"。伊朗是波斯的继承者，不管是伊朗还是西方，都是没有异议的。

波斯人终于来到了历史的前台。西亚和希腊，包括北非，这个环地中海的区域，在早期的历史文明中，就经常互动，彼此很密切地联系在一起。

讲到伊朗的历史，应该从埃兰人讲起，因为他们建立于公元前 2700 年的埃兰王国，是现有伊朗境内最早显露头角的王国。他们一度十分强盛，甚至在公元前 1175 年洗劫了巴比伦城，把《汉谟拉比法典》石柱抢回自己的地盘苏萨。但是，伊朗人的历史叙述，似乎更重视波斯人的到来，以及在此之后发生的历史。埃兰人在人种上似乎很模糊，至少与波斯人不是一回事。

相对于埃兰人，米底人与波斯人都属于操印欧语的人。米底人建立了自己的国家，并且在亚述灭亡之后一度很强盛。波斯人最初居住在伊朗高原的西南部，由多个部落构成，有农业定居的，也有游牧的，农业部落地位比较高。有个贵族氏族叫做阿黑门尼德，正是在这个氏族中，诞生了波斯帝国的最高统治者。居鲁士大帝来自这个氏族，是他创造了波斯帝国的阿黑门尼德王朝。波斯人的崛起是从反抗米底人的统治开始的，而居鲁士是反抗者的领袖（图1）。公元前550年，这是孔子诞生的第二年，居鲁士领导的反抗斗争取得决定性胜利，伴随着米底王朝的灭亡，新的波斯国家正式诞生。

图1　居鲁士大帝墓

　　波斯帝国刚刚诞生，就立刻踏上征服的道路。军事征服似乎是古代帝国的影子一样，总是与这些帝国相伴始终。公元前539年，居鲁士征服巴比伦，释放了巴比伦之囚，新巴比伦王国灭亡了。这一年很重要，对于犹太人尤其重要。居鲁士大帝把巴比伦之囚释放了，并且让他们回到了耶路撒冷，他还下发了一道命令，说耶路撒冷及其周边的人有义务帮助犹太人，重新建立犹太人的圣殿，波斯帝国也要出钱帮助犹太人恢复他们的宗教建筑。此事，如今伊朗人特别愿意提起，在他们的出版物中，绝不会忘记重申居鲁士大帝对犹太人的宽宏和仁慈。提醒当今以色列的意味不可谓不明显。不过，就是今天的研究者也认为，居鲁士希望利用占领地区的一切资源，包括信仰，因此获得支持，说这是一种宽容精神，并非夸大之词。比如占领巴比伦城，居鲁士就强调他是受到欢迎并且和平进入城市的。

　　居鲁士时代，波斯帝国已经初具规模，尤其在征服巴比伦城之后，通向世界各地的道路都向居鲁士敞开怀抱。不过，在西部相对稳定之后，居鲁士最终把征服的目光还是投向了东方。

公元前530年，居鲁士统帅军队远征中亚，但是在第二年却死在当地，他向东扩张的希望遭遇重大挫折。继承帝位的冈比西斯没有继续父亲居鲁士的征服方向，他转向埃及，并且在公元前525年获得成功。但是，他进一步征服地中海沿岸的计划却没有成功，内部发生的政变让他不得不做出改变。高墨达政变让冈比西斯后院失火，他急着赶回波斯灭火，结果自己却死在路上。高墨达的政变被同是阿黑门尼德族人大流士镇压，而这个过程用了两年多的时间。这是大流士最伟大的功绩之一，所以他把整个过程都认真地刻写在高耸的崖壁上，这就是著名的"贝希斯顿铭文"。大流士是更有成就的征服者，他使帝国的版图从北非到中亚，从印度河流域到色雷斯，有学者估计，他控制的人口当时应该有5000万之多。波斯帝国的强盛达到鼎盛，后来的历史证明，此后它就开始走上了下坡路。

3. 希波战争

在波斯帝国扩张的过程中，虽然经常遇到反抗，但是几乎

在他们认知的世界范围内，总体上他们依然属于无坚不摧的。帝国的统治者做梦也没有想到，帝国庞大的战车最后是在一个不起眼的地方翻了车，车轮被卡住的地方就是希腊城邦。

雅典城邦依靠海外贸易获得发展，在小亚细亚半岛等地，多有希腊人的移民据点，这就是历史上经典的殖民行动。这些居住外地的希腊人，与本土当然存在千丝万缕的联系，这些城邦就是爱奥尼亚。波斯帝国的扩张，从小亚细亚半岛到对岸的色雷斯，爱奥尼亚人正在这个范围之内。他们从最初的屈服到后来的反抗，而背后的支持力量就是本土的希腊。从大流士开始，波斯统治者就明白了麻烦的来源，而为了彻底解决，战争与征服自然是他们的首选方案。爱奥尼亚的反抗最初取得一些胜利，但终因实力有限，遭到波斯的残酷镇压，其中米利都人的结局最惨，而米利都人的遭遇，因为雅典诗人普律尼科斯的戏剧《米利都的陷落》震撼了全体希腊人，调动了他们同仇敌忾的决心。

公元前490年，大流士的波斯军队出发了，最初他们取得了一些胜利，希腊城市陷落之后，波斯人毫不客气地把希腊居民变卖为奴。这情形再次坚定了希腊的抵抗意志。9月，著名的

马拉松战役发生，希腊积极主动，最后以少胜多，取得胜利。这次战役十分重要，波斯不可战胜的神话破产，希腊人明白坚持战斗的价值。

从大流士方面说，这次失败还是有些意外，他是不甘于失败的。于是，大流士回头重整旗鼓，进行了真正的战争动员，几乎凡是波斯统治的地区都出兵参战。这样的战争动员也激起反抗，埃及就在这个时候发生起义。结果大流士还没有完成战争准备就在公元前486年死去。薛西斯再接再厉，决心完成大流士的未竟事业。公元前480年春天，薛西斯御驾亲征，波斯大军十年后再次黑云压城。历史的记载说法很不同，比如说陆军170万，海军战舰1207艘，算起来波斯要有500万人参与这次战争。而希腊人在温泉关留下的铭文也说他们4000名勇士抵抗波斯300万大军。现在的史学家比较心平气和，估计波斯人约有50万人参与战争，这在那个时代，完全算得上是个数量奇迹了。

第一个阶段的战斗波斯取得了胜利。陆地战斗主要是温泉关战役，斯巴达王李奥尼达奋勇战斗，与300名斯巴达勇士壮烈牺牲。波斯付出了很大代价，薛西斯的两个儿子死在这里。同时进行的海上战斗则互有胜负。战争进入第二阶段，希腊人主动放弃雅典，而波斯人进入雅典的时候，这是一座空城。波斯人还是对城市进行了泄愤性的破坏，而我们今天都能看到破坏的样子，因为后来雅典人有意地保存了现场，让波斯人的凶恶有了永久的纪念。而海上的萨拉米决战，波斯大败而归，薛西斯也撤回。之后，波斯帝国到处发生反抗暴动，希腊尤其是雅典乘胜出击，在多个地方取得胜利。波斯陷于被动挨打的局面。这个局面持续下去，但希腊并没有力量消灭波斯，最多是消耗波斯而已，何况在希腊取得优势的状态下，雅典与斯巴达的矛盾渐渐上升。公元前448年，雅典与波斯签订《卡里阿斯和约》，波希战争正式结束。雅典要集中力量对付斯巴达，之后就是希腊的内战上演，这就是伯罗奔尼撒战争。

希波战争在希腊的历史上是十分重要的。我们知道现在的西方，它们不仅塑造了现在的世界，其实也重新塑造了历史。西方人有一套书写人类历史的方式，就是以西方为主线，来描写整个人类的情况。西方为主线最早要讲什么呢？其实就讲古

典籍与文化 8

31

希腊，从古希腊，讲到古罗马，这么往下讲。西方世界都把古希腊当做西方文明的最早起源，当做西方文明制度的最早起源，所以从精神家园这个角度讲，对于西方而言，古希腊就是它们的精神家园。所以，现在的西方人在讲到希波战争的时候，在描写公元前480年的那场战争的时候，立场都是非常清楚的。他们为希腊的胜利欢声雷动，几千年了过去了，我们现在还能听见欢呼声。希罗多德是西方的"历史之父"，他写的一部历史著作叫做《历史》。这个历史并不是人类所有的历史，实际上在这本书里面讲的就是希腊和波斯人的战争。从希罗多德开始，西方人在讲希腊和波斯的战争的时候，都把希腊战胜波斯当做英雄打败了大魔头，从叙事风格，到精神升华，大同小异。

　　西方在讲述希波战争故事的时候，往往会强调两点，第一，强调波斯人有多么的凶残，兵力了得，人数众多。比如说，公元前480年那次战役，薛西斯是御驾亲征，带着多少人呢？希罗多德的《历史》这本书里面，说有100多万人。这是夸大之说，此后也一直有人喜欢这个思路。强大的波斯还是被希腊打败了，那不是希腊更伟大了吗？这是文学的一贯手法，一定要把敌人描写得很凶恶，很强大，然后才能证明自己更伟大。

　　第二，从希罗多德（图2）开始，就把这场战争定义为民主与专制的斗争，希腊代表民主，波斯代表专制，所以希波战争是民主对专制的胜利，是欧洲对亚洲的胜利，是西方对东方的胜利。我们能看到的最新的说法，比如说这本《欧洲史》（海南出版社，2002年），是欧洲十四国学者共同撰写的一本欧洲史。现在，它的说辞变得比较谨慎，它说，希罗多德把这场战争看做是专制与民主、暴政与自由之间的斗争，它认为东方与西方的对立是希腊人发展的动力，同时也加强了希腊人之间的团结。转述

图2　希罗多德像

希罗多德的观点，用一个他者说话的方式，讲述这场战争的性质。那么，现在的学者是否不再坚持说这场战争到底是民主与专制的斗争了呢？它只是转述的方式，看起来似乎更客观了，实际上还是同样的倾向。现在的西方人仍然把发生在公元前480年的这次战争，看做是西方战胜东方、民主战胜专制的一场斗争。最新看到的一本书，英国人写的《波斯战火》（新星出版社，2009年），在这本书的前言中，还在讲这样的故事，它说毫无疑问，希波战争的故事成为欧洲文明的神话基石，是自由战胜奴役和淳朴的市民美德战胜衰弱的专制制度的完美典范。

希波战争是我们最应该记住的一件往事，这个事情跟波斯有关，其实就是伊朗祖先的故事。我们应该知道，在伊朗的祖先那里，公元前500年的时候，他们就是西方正统——古希腊的实际威胁者。这场战争是波斯要吞并希腊，是帝国征服历程的一部分。波斯帝国在所有的战场，在东边打到了印度，在东北方向打到了阿富汗一带，南方已经征服了埃及。所以它在那个时代能够继续征服的地区就剩希腊一块了。当时的欧洲，只有希腊有一点文明的曙光。波斯帝国在征服世界的进程中，把希腊设计成最后的目标。波斯帝国要控制全世界，但在希腊吃了败仗。这个失败，是波斯的失败，从战役的双方来讲，确实是希腊胜利了，但应该记住，希腊的胜利是保卫战的胜利，它避免了被消灭，但并没有消灭波斯。对于波斯帝国来讲，它从此以后决定不再去以武力的办法吞并希腊，如此而已。整个波斯帝国还在那里，它依然很强大，幅员辽阔，人口众多。在希波战争这个问题上，大家一定要把这个性质搞清楚，是希腊保卫战的胜利，而不是希腊消灭了波斯。所以，伊朗现在的历史学家就比较强调这一点，但是它的声音一定太小了，全世界都听不见。伊朗的历史学家认为希波战争确实是以波斯失败而告结束，但是这场战争的结果只对希腊有意义，对波斯其实没有太大的意义，因为它就是一场战役失败而已，帝国依然屹立在那里。对这个事实一定要有所认识。

另外，西方的历史学家从希罗多德开始，就努力地夸大希波战争的后果，强调西方民主战胜了东方的专制。其实波斯一直还是一个帝国，还是个中央集权的帝国。民主没有战胜专制，因为专制还在那里，要战胜专制的话应该把它消灭才叫战胜了

33

专制。接下去，事情又是怎么发展的呢？波斯帝国用战争的手段并没有导致希腊灭亡，但是后来波斯帝国利用其他的手段还是把希腊这个城邦搞垮了。后来变得很简单，波斯改变了方略，不再用武力的办法去对付希腊，它开始用金钱的办法对付希腊。希腊那个时候是各个岛国的政治联合体，波斯人不去打希腊，希腊人就开始自己打起来。希腊内部的战争就从来没有停止过，只有在波斯企图吞并它的时候，它们内部一度团结起来，当波斯人的威胁解除了以后，希腊人就开始内部战争，最著名的战争就是伯罗奔尼撒战争。希腊两个最大的城邦，即斯巴达和雅典，各自团结一些小城邦，然后展开战争，最后的结果是两败俱伤。最后的结局，它们共同被马其顿王国给吞并了。马其顿王国著名的国王亚历山大，一口气消灭了波斯帝国，但是他的胜利可不是民主的胜利，他建立的是另外一个帝国。如果说胜利与失败一定要与内部的政治体制联系起来的话，不管是希腊还是波斯，最后都被另外一个帝国消灭了。

第三，在叙述希波战争的时候，西方的叙事比较强调波斯的残忍，比如把战俘变卖为奴隶。其实，在当时的双方，都是奴隶制度，而战俘都是奴隶的主要来源。后期，当雅典转而进攻的时候，他们所获战俘，同样也卖为奴隶。即使民主总是比专制具有道德优势，但对于奴隶而言，这与他们无关。

4. 波斯帝国的遗产

波斯帝国是世界上第一个具有世界性的帝国，它横跨亚洲、欧洲和非洲，尤其是向东方的征服，打通了南亚、中亚和西亚。很多文化区域一时之间被统一在一个帝国的版图之内，这其实也是后来亚历山大帝国的蓝本。战争的范围就是人类密切交往的范围，在战争的背后，反映了人类联系的空间范围。非洲北部、欧洲南部和亚洲地区，这是古代世界文化发展最显著的区域，他们之间的联系，代表着最重要的几个文化圈的联系，对后来的世界一体化进程发挥着基础性的功用。这一切，都是离不开波斯帝国的。

大流士时代代表着波斯帝国的强盛时期。图3为当时建设的波斯波利斯，虽然我们今天只能看见残垣断壁，但给人们留下的震撼依然是强烈的。可惜，原来的壮观的宫殿，被亚历山大的一把火吞噬了。波斯帝国真的是太了不起了，它建立的幅员辽阔的帝国东起印度，西达地中海，从西边的两河流域到中亚的两河流域都是波斯帝国的版图。此外，他们还修建了一条国王的御道，从印度直达地中海，每三十里设置一个驿站，并提供世界上最系统的邮差服务。后来的亚历山大东征，简直就是沿着这条御道前进的。此外，琐罗亚斯德教，也是来自波斯帝国，这一世界性宗教，为丰富人类的精神世界提供了巨大帮助。

图 3　波斯波利斯遗址

　　虽然希波战争波斯失败了，但是作为伊朗人，他们仍然为祖先的业绩倍感自豪。现在，西方是这个世界的真正统治者，他们的武力最强，势力最大。但是波斯帝国会给伊朗人一个明确无误的启示，历史上曾经强大的伊朗，未来也有希望。想一想，当古希腊面对波斯帝国的巨大压力的时候，伊朗人是可以从中感受到历史的荣耀与自豪的。就精神层面而言，有没有这样的历史依据，有没有这样的历史荣誉，是完全不同的。

5. 帕提亚

　　公元前330年，亚历山大东征取得重大胜利，他在几次决定性的战役中击败了波斯，波斯帝国的大厦终于支持不下去了。亚历山大接受了波斯帝国的遗产，在征服战争中建立起自己的

35

帝国，这就是塞琉古王朝。塞琉古王朝虽然庞大，但是维护的时间却很短暂，几乎是亚历山大刚刚去世，这个帝国就陷于分裂状态。控制伊朗地区的是塞琉古一世，他的统治有助于希腊人与波斯人融合。但是，居住在阿塞拜疆的米底人建立了新的王朝，这就是帕提亚王朝，他们一方面是古老波斯帝国的继承人，一方面坚持与塞琉古王朝斗争，最后他们不仅取代了塞琉古，而且建立了更加强大的新帝国。帕提亚在中国的史籍中是有记载的，中国称它为安息，而这要归功于张骞出使西域。

帕提亚王朝的统治，从公元前256年到公元226年，而与它并存的，在西方正是不可一世的罗马共和国。罗马把地中海变成内海，遥远的大不列颠也被征服。在东方，罗马也取得很辉煌的战绩，两河流域进入它的囊中，甚至打通了波斯湾。罗马向东扩张，帕提亚向西发展，他们共同瓜分了塞琉古王朝的地盘，可想而知，不可避免的争夺正式开幕。

罗马的扩张，没有遇到太像样的对手，所以对待东方的帕提亚，罗马的轻敌思想是理所当然的。公元前553年，罗马统帅指挥大军出发，这位统帅就是赫赫有名的克拉苏。克拉苏与恺撒、庞培齐名，号称罗马"三巨头"，而克拉苏最著名的功绩是镇压了斯巴达克起义，当时他控制罗马的东方，他希望继续立功，为自己的将来打下更雄厚的基础，由此可以摆脱"三巨头"的平衡，达到独占鳌头的政治局面。克拉苏的军队是3万名罗马主力，他的判断是帕提亚战斗力有限，所以希望速战速决结束战斗。

克拉苏率领先头部队前进，为了加快速度，他听任辎重队伍落后，并渐渐拉开距离。帕提亚军队显然掌握一切情报，他们看准时机，集中力量攻击克拉苏的辎重部队。等到克拉苏的先锋部队感觉到了问题，回头增援的时候，他们的辎重军队已经不复存在，人被杀了，物资也没有了踪影。没有了给养，克拉苏的军队还能做什么呢？很快，他们被帕提亚的军队包围，罗马军队大部分被杀掉。克拉苏最后提出谈判请求，这当然是投降的谈判。没有想到，面对十分不利的局面，克拉苏的火气还很大。谈判破裂，并当场发生格斗，后果可想而知。克拉苏被杀，将近一万名罗马士兵成为俘虏。两万士兵被杀，一万被俘，这是罗马共和国以来损失最惨重的。这就是著名的卡莱战役。

克拉苏是"三巨头"中资格最老的，他进攻帕提亚是有政治考虑的，没有想到，战争结果对恺撒最后胜出十分有利，帕提亚人帮了恺撒的大忙。

卡莱战役是罗马人的耻辱，恺撒曾经为此要远征帕提亚，但被刺杀，并未成行。18年之后，到了"后三巨头"时代，负责东方的安东尼经过认真准备，决定对帕提亚进行最后征服。决战在弗拉斯帕城爆发，双方都投入巨大的战力。结果，再次以罗马人的失败而告结束。罗马有42000人被消灭。罗马此后放弃了征服帕提亚的梦想，双方和谈，达成和平协议。

其实，双方的战斗并没有终止，时断时续，互有胜负。直到罗马帝国又出现了一个有理想的大人物，他就是卡拉卡拉，即安东尼皇帝。当时，罗马和帕提亚的主要问题是争夺对亚美尼亚的控制权。安东尼皇帝不仅要征服波斯，他还要效仿亚历山大远征，要征服印度，征服中国，要建立一个真正的统治全世界的大帝国。可见，当时罗马帝国已经对中国有所了解。不过，所有的这些伟大理想，都必须从征服帕提亚开始。公元217年，罗马帝国的远征军出发了。战争一直不顺利，总是不停地失败，帕提亚的军队实在太有战斗力了。罗马皇帝无法取得战争的胜利，对于部下的责难、发泄成为他最日常的行为。最后，忍无可忍的部下发动哗变，杀掉了这位皇帝，与帕提亚签订了和约。罗马再次失败，至于亚美尼亚地区，自然再次进入帕提亚的控制。

帕提亚也曾经吃过罗马的亏，这是肯定的，但是帕提亚成为罗马向东扩张的一堵高墙，它总是能够终止罗马军队的征服脚步。相对而言，罗马要比希腊更具有攻击性，其帝国扩张的辉煌是希腊无可比拟的。但是，又是帕提亚能够让罗马饱尝失败的痛苦。在游览伊朗的那段时间里，我们的导游瓦希德先生（毕业于德黑兰大学）总是不愿放弃阐述自己的历史观点，他认为伊朗历史上最伟大的朝代就是帕提亚。

6. 萨珊波斯

帕提亚的强盛同样是不能永续的，但推翻帕提亚的势力不是来自外部的罗马帝国，而是来自内部的暴动。新的势力，来自更正统的波斯人，他们的领导人叫做阿达希尔，他的血缘关系来自荣耀的阿黑门尼德。他所建立的王朝就是萨珊波斯王朝，古老的琐罗亚斯德教又在这片土地上活跃起来，而这个王朝一直存在了四个世纪之久。

公元 226 年，萨珊波斯建立代替了帕提亚（安息），它继承的不仅是土地和人民，还有西方的敌人，即罗马帝国。对于罗马帝国而言，帕提亚的灭亡确实是好消息，但是取而代之的萨珊波斯同样不断地给罗马制造噩梦。

公元 243 年，罗马的皇帝是戈尔迪亚，他发现萨珊波斯的皇帝正在忙于东征，认为这是一个难得的机会，于是乘机下手，偷袭萨珊。当时萨珊波斯是第二任皇帝沙普尔在位。罗马既然是偷袭，所以开始还是挺顺利的，取得了一些胜利。不过，到了第二年，沙普尔的反击开始了，双方在泰西封附近的马克西展开决战，结果罗马大败。一种说法是罗马的皇帝战死沙场，罗马的惨状可想而知，连总指挥都被打死了。另外一种说法是，在战败的背景下戈尔迪亚被部下杀死了。总之，罗马失败，被迫割地求和赔款。

和约是签署了，但罗马方面并不准备认真执行。波斯王很生气，沙普尔决定主动进攻，率领两路大军，直接攻入罗马。公元 259 年，罗马皇帝瓦列里安亲自迎战，双方在卡雷城大打出手。这一战，再次以罗马的失败宣告结束。这次，罗马的皇帝更惨，他成了波斯人的阶下囚。在波斯波利斯附近的帝王谷里，我们至今仍然能看到当年留下来的浮雕，沙普尔国王高坐在马上，罗马的皇帝跪地求饶。这次战争波斯不仅俘虏了罗马的皇帝，也俘虏了很多的罗马士兵，波斯人强迫罗马士兵去做苦役，完成了很多重大工程，很多桥梁在他们手中建成，波斯人称之为罗马皇帝之桥。

此后，双方的战争与和平交替进行，胜败不常。公元 363 年，罗马皇帝朱利安再次率兵进攻，结果又失败了。朱利安是第二个战死于波斯战场上的罗马皇帝。罗马所有皇帝的战死纪录都是波斯人创造的，萨珊波斯的版图因为一连串对罗马帝国的胜利，也有了很大扩展。在罗马帝国分裂以后，波斯曾经对东罗马帝国发动多次进攻，甚至多次围攻过东罗马首都拜占庭。

萨珊波斯在胡司洛国王的时候最为强盛，他曾经有过彻底消灭东罗马的计划和行动，当然并没有成功。因为有这样的想法，所以当东罗马给出非常有利的求和条件时他竟然没有接受，错失良机。东罗马也知道危在旦夕，不得不拼死抵抗。这导致了波斯帝国内部矛盾上升，胡司洛不仅吃了败仗而且被政变者篡位，628 年在监狱中被杀害。此后，波斯帝国开始衰落，而一个更厉害的角色正在崛起，波斯的光荣历史正在消失。

波斯，从古波斯帝国到萨珊波斯，都曾扮演过历史上的重要角色。对于西方而言，波斯是他们最主要的对手，最麻烦的克星。在军事上，西方饱受波斯的打击，波斯代表着天敌。不过，波斯又是难以逾越的障碍，除了亚历山大之外，波斯背后广袤的东方，对于西方而言，主要用遐想来领略。在这样的背景下，波斯每每被描绘成大反派，穷凶极恶、罪恶滔天。但是，从非西方的立场观看，结论可能会完全不同，波斯在与西方对峙的同时，也在为人类世界作贡献。庞大帝国的经营，需要很多管理技术和政治方略，加强帝国内部团结，引导帝国内部多种文化和平共处，这同样是重要的人类遗产。而这一切，对于波斯的继承人而言，都会演变成一种精神力量，那是伊朗人的历史荣耀。

二、宗教精神

1. 波斯亡国

萨珊波斯陨落的过程中，东方正有一个国家蓬勃向上，那就是中国唐朝。波斯在最后一刻，曾经向唐朝求援，希望唐朝能够帮助他们挽救危亡。唐朝伸出了援手，但不是很有力。后来，唐朝还接受并支持过波斯在逃王子。

给波斯带来危机的不是传统敌人，东罗马帝国还没有这样的实力。新的势力来自阿拉伯半岛。这个在历史上长期沉默的区域，终于要起身发言了，而这注定要影响整个人类的进程和全球的文化格局。

阿拉伯半岛几乎就是荒岛，沙漠是这里最重要的风景。长期以来，在这里居住的阿拉伯人都以放牧为生，他们好像命里注定要这样默默无闻地生活在世界的边缘。但是，一个伟人出现了，他让这里的人们忽然生发出自豪感，他们发现了自己身上一直隐藏的伟大使命。穆罕默德创造了新的伊斯兰教，这个新的宗教很快就成了阿拉伯人的精神支柱。在迅速处理好内部的关系之后，阿拉伯人开始展开对外的扩张。

波斯成为阿拉伯帝国的目标一点都不奇怪，谁让他们是近邻呢，谁让波斯那么富有呢！波斯人向来瞧不起那些生活在沙漠中的牧人，他们认为阿拉伯人野蛮。但是，波斯人却没有想到，阿拉伯帝国拥有如此神奇的战斗力。不过就是两场战役之后，波斯人就彻底失败了。这一次，该轮到波斯的国王被俘了。阿拉伯人提出的要求很简单，请你皈依伊斯兰教。没有想到，伊嗣埃三世断然拒绝，并且轻蔑地讽刺阿拉伯人是野蛮人。按理，这最后一位波斯国王的生命应该到此终结。但是，历史上还有一种说法，伊嗣埃三世一直后撤到东部省呼罗珊，但组织抵抗不力，651 年，他在木鹿附近被一位臣民杀死。似乎后一种说法更可靠，那么前一种说法呢，大概是伊朗人后来的传说，表达的希望如此，是一种不甘失败的文学想象。

波斯幅员辽阔，阿拉伯帝国全面征服波斯，最后的年代已经到了公元 700 年。但是，波斯的伊斯兰化趋势是无法避免的。对于伊斯兰教而言，波斯人的加入，才让这个宗教的国际性得以呈现。波斯人对于来自阿拉伯帝国的征服，是一百个不服气，因为就文化贡献而言，此前的阿拉伯人是无论如何不能与波斯相提并论的。波斯人生活很精致，追求环境的优美，文学丰富，诗歌浪漫，他们创造出很多生活经典。波斯文化后来对阿拉伯人有很大的影响，波斯人也为此自豪。但是至今仍然有阿拉伯作家认为，波斯文化提供的都是腐朽和奢华。波斯人对世界贡献了祆教（也称拜火教，即琐罗亚斯德教）和摩尼教，这两个宗教对中国古代都有影响。特别是摩尼教，在中国也称明教，常常成为农民起义的精神武器。

现在，具有悠久文化传统的波斯改信伊斯兰教了，世界宗教的版图因此发生巨大改变。波斯成为阿拉伯帝国的一个行省，波斯人被迫放弃琐罗亚斯德教，皈依伊斯兰教。现在伊朗也有一部分信仰拜火教的人，大概全国不超过 2000 多人，而伊朗有7000 多万人口。因为阿拉伯帝国的兴起和扩张，伊斯兰教得以推行到世界各地，阿拉伯地区、伊朗地区、中亚地区、北非地区等都是伊斯兰教的信仰区域。现在世界范围内，伊斯兰教势力的增长是最快的，在人口比例上，穆斯林的人口也是越来越多。

自从被阿拉伯人征服以后，伊朗就进入了苦难的岁月，被征服成为伊朗的家常便饭。此外，苦难还表现在伊斯兰教内部，即伊朗人最终选择了伊斯兰教内部的少数派——什叶派。而什叶派在漫长的历史过程中，长期处于弱势地位。如果说，此前的波斯多是历史的荣耀的话，那么此后，伊朗人要经受太多的磨难，不用说，苦难同样也能培育出特有的民族精神。

2. 国家被奴役

从国家的形势上，我们看到此后的伊朗总是被人征服，从宗教上，什叶派又处于弱势地位。这种状况，持续了千年以上。什么样的民族能够忍耐这么久呢？如此忍耐，会锻炼出怎样的民族性格呢？

从 661 年到 1036 年，是阿拉伯人统治的时期。1037 年塞尔柱突厥人率领军队打到了伊朗，他们的统治维持到 1153 年，这是突厥人统治时期。接下去就是成吉思汗西征了，1219 年到 1335 年，这是蒙古人统治时期。旭烈兀根据成吉思汗的指示在伊朗建立了一个王国叫做伊利汗国，这是蒙古人建立的四大汗国之一。伊利汗国之后，1380 年又是帖木儿王朝，帖木儿，也是个蒙古后裔。可以说从 1219 年到 1500 年都是蒙古人的统治时期。

伊朗，苦难深重。每一次的外族入侵都带来了很严重的牺牲，大面积的死伤，破坏性也很大，毕竟战争都具毁灭性。伊朗人不仅需要在这种苦难中生存下来，还要争取更多的权力和更大的自由。伊朗的历史特别强调伊利汗国时期，就是蒙古人统治时期的重要性。重要性在什么地方呢？蒙古人不信伊斯兰教，也不懂伊斯兰教，所以他们到来之后先消灭主要的敌人，主要的对手是什么呢？就是阿拉伯帝国。阿拉伯帝国信仰的是什么呢？逊尼派。蒙古人不管那一套，把逊尼派的领袖，哈里发，都抓起来杀掉了。所以蒙古人事实上推翻了阿拉伯帝国的统治，结果很自然就跟逊尼派产生了矛盾。相应的，什叶派的地位也就因此获得提高。

伊朗人恢复自己的统治，已经是 16 世纪。1502 年，萨法维王朝建立，才在伊朗重新开始了伊朗人的统治。到了这个时期，什叶派在伊朗的社会上已经成了最大的实力派。所以，萨法维王朝第一个宣布以什叶派为自己的国教。从 661 年到 1502 年，经过了如此漫长的时间，如此漫长的耐心等待，经过了无数的牺牲和斗争，伊朗人终于实现了自由。

3. 宗教苦难

伊朗最大的宗教派别叫十二伊玛目，这也需要进行简单地介绍。十二伊玛目，就是一共十二位伊玛目。第一个伊玛目就是阿里，他是穆罕默德的女婿和堂弟。阿里的夫人叫法蒂玛，是穆罕默德的女儿，一般地说，在什叶派里面，阿里和法蒂玛都是被崇拜的对象。第二个伊玛目是阿里的长子，叫哈桑，他被人家下毒药给药死了。第三个伊玛目是阿里的次子侯赛因，他在 680 年被人杀害。这些伊玛目都是阿里直系的子孙。一代一代的伊玛目，就是什叶派的实际领袖，有的领袖斗争性比较强，有的领袖妥协性比较强，但是这些伊玛目都是坚持什叶派的。从第五代伊玛目开始，他们重点是发展什叶派的宗教理论。最后第十二任伊玛目，他叫穆罕默德·马赫迪，他就变成了隐遁的伊玛目，就隐藏起来了。人世间谁也不知道这个伊玛目，因为他隐藏起来了。开始，隐藏的伊玛目还有代理人，后来连代理人也取消了。于是，伊玛目就在人间，但谁也不知道谁是伊玛目，这就是伊玛目隐遁。

因为什叶派长期受到迫害，所以整个伊朗和信仰什叶派的穆斯林群体中，它们的内心深处都是很悲情主义的。同时，他们也主动利用这种悲情主义进行自我教育，坚信隐遁的伊玛目，坚信未来的胜利。

什叶派历史上有一个事件后来变成了一个神圣的节日。公元 680 年，是阿拉伯帝国的倭亚玛王朝的时代。哈里发齐亚德要除掉第三代伊玛目侯赛因，派出重兵前往卡尔巴拉。敌人的阴谋，侯赛因并不是不清楚，他知道必死无疑，但是他还是毅然上路，他希望用自己的牺牲换来民众的觉醒和伸张什叶派的权利。有 60 多人追随他而去，结果被齐亚德的几千军队全部屠杀，包括所有的孩子，除了侯赛因一个重病的儿子没有参加战斗外，没有一个人幸免于难。为了纪念这个战役，每年伊斯兰历法的 1 月 10 日，都会有纪念活动，这个节日叫做阿苏拉节。

关于伊朗什叶派的研究，提供两个书目供参考：程彤《正统观念与伊朗什叶派》，宗教文化出版社 2010 年。王宇洁《伊朗伊斯兰教史》，宁夏人民出版社 2006 年。

总之，一方面伊朗有很荣耀的历史和过去。他们曾经强大，曾经给西方当时的代表势力造成种种打击。在如今西方施加压力的时候，伊朗人会因为这样的历史增强民族自豪感，强化自信心。同时，在政治和宗教历史上，他们也曾饱受侵略和压迫，导致伊朗人抗压力极强，坚持到底，宁折不弯。

伊朗可以看成是中国的一面镜子。我们不会也不一定向伊朗人学习，事实上我们也学不成。伊朗和中国都有悠久的历史，都有属于自己的文化。两国都是东方国家，都不被西方认可，近代以后，也都饱受西方的欺凌。不同之处，伊朗曾经有过痛击西方的历史，而中国古代与西方相隔遥远，在中国强盛的时候没有机会比试，等到西方强盛并出现在中国面前的时候，中国只剩下不断地失败。因此，伊朗人有强烈的文化自豪感，中国没有。有宗教热情，非常不得了，而中国人没有这样的宗教热情。中国更善于妥协。这是民族性格，到底哪个好，显然我们不能判断。不过，我觉得至少我们中国人应该向伊朗人学习一点，就是珍惜自己的文化传统，毕竟这个传统是别人没有的，这是中国最独特的地方。可以慢慢地培养自豪感，不要一味批判，把国人搞得很自卑。

最后说明一点。古代历史的许多名词，翻译是不同的，这里没有交代具体差异。还有历史事件的时间，也多有参差，这里仅仅选择一种进行交代。因为没有深入研究，所讲难免太表面，挂一漏万，敬请谅解。

典籍与文化 8

43

朱玉麒

伊朗
——来自民间的视野

朱玉麒 1965年生，江苏宜兴人。北京师范大学中文系中国古典文献学博士，北京大学历史系中国古代史专业博士后。曾任剑桥大学东方学院访问学者，现任北京大学历史系暨中国古代史研究中心研究员、《西域文史》主编。

学术兼职有中国人民大学国学院教授、华东师范大学中文系博士生导师、新疆师范大学文学院教授暨西域文史研究中心学术委员会主任、吐鲁番学研究院研究员、龟兹研究院研究员；中国李白研究会常务理事、中国唐代文学学会理事、中国敦煌吐鲁番学会理事等。

主要从事清史与清代新疆问题、唐代典籍和西域文献、中外关系史研究。国家社科基金重大项目"清代新疆稀见史料调查与研究"首席专家；发表科研论文60多篇，古籍整理著作《西域水道记》获2005年度"全国优秀古籍图书"二等奖。

2012 年元旦前后，我有了一次伊朗之行，一次从德黑兰到霍尔木兹海峡的经历。在这次不寻常的游历中，我寻找几千年来丝绸之路上中国的西方邻国；用自己的镜头记录了今天的伊朗和古代的波斯：土地、人民、城市、巴扎、政治、文化……在历史与现实的时空穿梭中，我要告诉大家一个来自中国民间的视野：伊朗是我们的友邦，是我们的镜子，是一个有着淳朴、美好、善良心地的人民的国度。

一、在美国的阴影下选择伊朗

其实我到这儿来讲伊朗还是非常紧张的，就像我当时去伊朗下飞机那一刹那的紧张一样。当飞机在德黑兰着陆的时候，所有的女士全把头巾给包上了，包括中国人，给你的感觉确实是一个非常恐怖的事情。

我今天来这儿讲，并不是说面对大家有恐怖的感觉，而是因为自己对伊朗不熟悉却敢于演讲感到紧张。五、六年前，我也在国家图书馆做过一次讲座，讲的是我自己研究的专业——新疆问题。我在新疆生活了二十年，在这一领域也做了多年研究，因此我讲的时候，觉得连自己都被那个题目感动了。但是讲伊朗呢，就不是这样了。我过去最讨厌的一件事情，就是有些所谓的作家到哪个地方走马观花旅游了以后，就写文化游记，写完以后就发表，以为自己对这个地方的理解已经非常深刻。今天我自己也是做了这么一件事情，我其实是第一次去伊朗，结果我在这儿要来给大家讲伊朗。

为什么又敢于来讲呢？有一个原因，就是虽然第一次去伊朗，去了以后却深受感动，这种感动久久不能平息。我想把这种感动汇报给大家。我很希望我们多数的中国人在经济能力能够达到的情况下，想出国旅游的话，最好能够去一趟伊朗。抱着这样的目的，我就跟大家来交流我去伊朗的感受。

更重要的，我这次去伊朗已经假想了一个比较巨大的牺牲，就是得到伊朗的邀请以后，我就发现我的护照要过期，就换了一个新护照。可是拿到这个新护照后，同时又得到了去美国交流的机会。在一本新的护照上你会有一个去伊朗的签证，当下一步你去美国的时候，这个唯一的签证记录——伊朗——的护照在美国签证官面前是否会引起怀疑？他们让不让你踏上美国的土地？你就要面临这个考验：也许你去不成美国，而且这一拒签记录影响你终身。我们大家都知道，伊朗今天是世界上跟美国作对最顽固的国家。在这个时候你就必须有一个选择——当时我还是选择了伊朗。为什么我选择伊朗呢？就是觉得去美国固然非常重要，一个二百年的美国现在变成一个伟大的强国，当然是有很多可以学习的地方。但是你看一下眼前的中国，你会发现中国基本上已经快变成美国了，中国的现代化让我们看到了美国的影响。可是伊朗呢？我们却还是非常陌生。所以，虽然面对着美国一触即发的炮火和自由女神像的拒绝，我最后还是选择了伊朗。

不过话要说回来，等我 1 月 8 日从伊朗回到中国，1 月 10 日按照临去前的预约到美国大使馆签证的时候，也没有遇到障碍。美国的签证官所代表的美国还没有这么小气，看了一下我崭新的护照上醒目的伊朗签证，也没问什么，"啪"一声盖了章，说过两天你来取签证吧。在寒风中排了三个小时的队，结果一分钟以后就拿到了去美国的签证。我后来也去了美国，也是第一次去美国，我看到了一个伟大的美国——一个让我也非常服气的、二百年便崛起的伟大帝国！我们还不能随随便便地说美帝国主义和一切反动派都是纸老虎。如果有机会的话，我觉得以后应该和大家交流一下我去过的美国。

在目前的形势下将两个国家对照起来看，对于我们中国来说是非常有意思的。今天我虽然在这儿讲伊朗，我是在美国的阴影下讲伊朗，我是在中国的观照下讲伊朗——我其实是在讲中国。

大家知道，当我们决定在 2011 年 12 月 29 日去伊朗的时候，我们看到了在西方的制裁下伊朗的咆哮、伊朗的反击。我们可以看到 2011 年 11 月 29 日英国的驻伊朗使馆被焚烧，然后是 12 月 4 日美国的无人侦察机被击落，所以美国也很恼怒。而且伊朗继续刺激美国，发出消息，要在 12 月 25 日开始在霍尔木兹海峡进行为期十天的军事演习；如果继续对伊朗的石油出口进行制裁的话，伊朗也要毫不客气地封锁霍尔木兹海峡。稍微有一点儿世界地理知识的人都会知道，封锁霍尔木兹海峡就等于封锁了世界上将近一半的石油与天然气出口，海湾石油大国如沙特、阿联酋等等的石油都会因此而被封杀。霍尔木兹海峡是非常有意思的地方，阿拉伯半岛伸入海峡的顶端像踢足球的脚尖一样，脚尖的两边都是 150 公里非常狭窄的海域，都被伊朗的国土控制住。我们发现伊朗是说了非常狠的话，这样也就更加激怒了这些超级大国。

　　大家都应该记得 1970 年代后期，1976 年我们粉碎"四人帮"，1978 年开始改革开放，此后的岁月有所谓"改革开放 30 年"的说法。可是几乎是在同时，1979 年，伊朗的巴列维王朝被推翻，进入了政教合一的伊朗伊斯兰共和国时期，整个国家被封闭起来，就像我们看到的伊朗女子一样，沉重的黑袍、黑头巾披上了身、裹上了头，这个国家反而是走向了一个闭关锁国的状态。

典籍与文化 8

　　可是在过去，我们对伊朗其实是非常熟悉的，所有熟悉中国历史的人都知道，在古代中国的西边，有一个强盛的波斯帝国，有时候它又叫条支，又叫安息，中国的史书对这些名称的记载，不绝如缕。而它跟今天的伊朗到底是什么关系？它们到底走向了哪儿？我们现在太不熟悉了。这就是我之所以要选择去伊朗、所以要在美国和伊朗之间选择后者的原因。在美国的阴影中去了解伊朗，也就讲到了我今天"来自民间的视野"的第一点——在超级大国的阴影下去选择伊朗。

二、对一个文明古国的致敬

　　其实就是没有美国的阴影，我们也会去伊朗。这就是我今天讲到来自民间的视野的第二点——我选择去伊朗，是对一个友好邻邦的巡礼，对一个文明古国的致敬。因此在讲到我寻访伊朗的经历之前，我应该和大家简单地回顾一下古代伊朗在我这样一个普通的历史学者眼中的情形。

49

1. 伊朗的历史与丝绸之路

从文化的角度来了解伊朗，我们知道它是与波斯共生的，古代的波斯就是今天的伊朗，虽然这期间还有许多需要分说的问题。古代波斯是一个非常了不起的国家，公元前550年，那是什么概念呢——是中国的春秋时代，我们整个东方、整个中国的核心区域，还处在一个四分五裂的状态中，后来就出现了所谓的"战国七雄"，七个比较大的国家合并了许许多多的小国家，这些诸侯国家在整个黄河流域开始了我们东方文明的曙光。在那个四分五裂的中国时期，伊朗高原已经出现了一个伟大的皇帝叫居鲁士（Cyrus，BC.590—BC.529），他推翻了当时的米底部落而建立了一个庞大的波斯帝国。这个波斯帝国有多大？在国王大流士一世（Darius I，BC.522—BC.486）时期，波斯帝国达到鼎盛，成为世界上第一个地跨亚、非、欧三大洲的帝国。横跨亚非欧！我们就知道是怎样一个巨大的国家出现了。

图 1　公元前 500 年，波斯帝国阿契美尼德王朝的疆域示意图

图 1 是一幅横跨亚非欧的帝国地图，它的左边（西部）包围了半个地中海，上面（北部）直抵黑海、里海和咸海，下面（南部）则除了波斯湾、阿曼湾以外，还占据了整个的阿拉伯海北部海岸线，控制了整个印度洋。与我们直接相关的，它的右边即东部领土，则直接地插入到了中亚地区，跟今天中国的西部疆域接壤。所以波斯帝国曾经是跟中国接壤的国家，是我们的近邻，而不是远亲。波斯帝国要比今天的以德黑兰为首都的

伊朗国家大得多，在今天的伊朗国土的左右，都是波斯帝国的范围。后来是因为希腊、罗马的崛起，以及阿拉伯帝国、中亚国家的纷纷崛起，使得波斯帝国最终局限、据守在伊朗高原。

但是毫无疑问，留在我的古代阅读记忆中的波斯，确实是一个令人印象深刻的、与中国完全不同的文明古国。它曾经是中国的一个重要邻国。即使到今天，我们知道古代伊朗语族中重要的波斯语，从伊朗到阿富汗、塔吉克斯坦，到巴基斯坦和印度，以至于中国的塔吉克族，都在使用。阿富汗从伊朗分离成为独立的国家，也是直到 18 世纪后期，由于英国的操纵才完成的。我们可以看到，这个国家的地理位置要比中国危险得多。我们中国现在也总是感觉到威胁，可是只要看看伊朗，它处在来自阿拉伯半岛和欧洲以及整个亚洲的不同文明的夹击中。自从公元前 550 年到今天，2500 多年当中，波斯帝国经历了很多的巨变。从亚历山大的东征到来自阿拉伯的攻击、来自蒙古帝国成吉思汗的西征，乃至欧洲世界的包围和掠夺，东来西往，重创不断。但是最终，作为核心地带的伊朗高原的伊朗文明还是成长起来了。从文明形成的角度来看，伊朗高原特殊的地理位置恰恰造就了历史上东西方文明在这个地方交汇的格局。我们把这样的地方称作文明的十字路口，称作"文明的交汇"——它是一个褒义词，但实际上在这个交汇的过程当中，经历了多少的屠杀，现在已经不知道了。总之，我们可以看到 2500 年中的伊朗古国，经历了多少的曲折和沧桑，现在我们在网络上都可以下载到以下关于波斯—伊朗的大同小异的历史阶段介绍：

（1）波斯帝国（前 550—前 330 年）

（2）希腊时期（前 330—前 170 年）

（3）帕提亚帝国（前 170—226 年）

（4）萨珊王朝（226—650 年）

（5）伊斯兰教时期（650—1290 年）

（6）蒙古人的统治（1219—1500 年）

（7）萨法维王朝（1500—1722 年）

（8）欧洲人的"大博弈"（1722—1914 年）

（9）第一次世界大战及之后的巴列维王朝（1914—1921—1979 年）

典籍与文化 8

（10）伊朗伊斯兰共和国（1979—）

从上面粗线条的勾勒中，我们可以看到它经过了波斯帝国的时期，又经过了亚历山大东征以后被希腊所占领的时期，中国史书称其为"条支国"。后来又经过了帕提亚帝国，中国史书称"安息王朝"。又经过了萨珊王朝的时候，这时也是伊朗非常辉煌的时代。而伊斯兰教在公元651年西进伊朗高原，占领波斯全境，伊朗全境就成为了阿拉伯帝国——阿拉伯大帝国的一个行省，伊朗进入了伊斯兰化时代。然后又是塞尔柱、花剌子模、蒙古人的西征，蒙古人在这里建立了伊儿汗国。然后是西察哈台汗国入侵，建立起短暂的帖木儿帝国。再后来是萨法维王朝，成为伊朗历史上第一个以伊斯兰教什叶派为国教的朝代。而当强大的英帝国崛起以后，整个的伊朗又在英国的控制下，再往后就是俄罗斯的兴起对它的控制，是欧洲人的"大博弈"时期，伊朗经历了赞德、恺加王朝时期。我们可以看到，这个国家从来就没有消停过，从来没有停止过外族的入侵。一直到了第一次世界大战的时候，它也一样地被英国和俄罗斯所控制。最后是在1921年，一个叫巴列维的将军宣布伊朗的独立，建立了所谓的巴列维王朝。

巴列维王朝离我们的时代就非常近了，这个王朝推行现代化，使得伊朗与世界的距离也接近了。但是代价也很沉重，那就是控制它的英国要石油、苏俄要石油，给不给？只好给，在大量石油被掠夺的情况下换来了他们国家的现代化。因此到了1979年前后，这种牺牲国家利益而带来的进步以及政治的独裁、贫富悬殊等等矛盾，激怒了它的宗教团体和国家的激进分子，他们联合起来推翻了巴列维王朝，在1979年欢迎霍梅尼回国，建立了伊朗伊斯兰共和国，重新强调伊斯兰教治国的政教一体，霍梅尼成为了伊朗国家的最高领袖。而与此同时早些时候，我们中国粉碎了"四人帮"，华国锋代表中共中央出访伊朗，可是等他回来的时候，伊朗就变色了。从此两个国家朝着不同的方向发展。但是两个国家在国际地位和利益上面，在很多地方是非常接近的，互相之间的互利互惠，还是做了非常多的事情。这就使得西方列强眼红。从某种角度上来说，西方对伊朗的制裁，实际上也是对中国的制裁，这两件事情是连接在一起的，中国在伊朗的问题上，是脱不了干系的。而中国和伊朗的利益攸关，从古代开始，就已经被联系在一起了。

在图 2 上，我们可以看到，在古代的东方和西方的世界里面，丝绸之路是一条非常重要的贸易通道，也是我们中国打开西方之门的非常重要的文明通道。而在这条道路上，伊朗起着非常大的作用。有一幅海上和陆上丝绸之路的地图，从中显示丝绸之路在东西方陆路交通的一个非常重要的交接点，是中国新疆的喀什，维吾尔语作"喀什噶尔"，在帕米尔高原的东侧。帕米尔高原即葱岭，是东西方在亚洲大陆上非常重要的分界线，一旦翻过葱岭进入喀什噶尔，就进入了东方。在伊斯兰史料里，一直把喀什称为"中国之门"，前不久有一位伊朗德黑兰大学的教授乌苏吉（M. B. Vosoughi）曾经在这里讲到过这样一个问题（乌苏吉教授关于这一问题的中文论文《波斯文献中关于喀什噶尔在丝绸之路上的地位的记载》，由林喆翻译，王一丹校，发表在《新疆师范大学学报》2012 年第 6 期，第 8—14 页）。

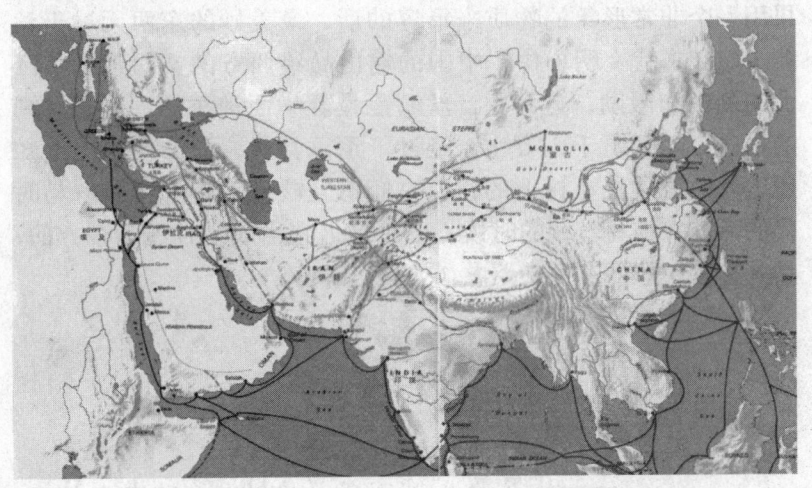

图 2   丝绸之路上，以喀什噶尔为连接点的中国与伊朗

我们可以看到喀什噶尔以西丝绸之路所经过的地方，当年是在波斯帝国也就是伊朗文明的影响下面。可以说，丝绸之路的一半是受到伊朗的控制和影响，另一半则是我们中国的控制和影响，喀什噶尔以东的丝绸之路影响是来自于中国的，这是由民族、地理等多种因素造成的分界。当然，还不可或缺的，丝绸之路通向印度次大陆的部分，是来自印度的影响。西部的波斯风、东部的中国风、南部的印度风，构成了丝绸之路文明

影响的重要元素。在东西方文明交汇的过程当中，伊朗起到了非常大的作用，除了独特的波斯文明之外，它还把地中海的希腊罗马文明、阿拉伯的文明，通过丝绸之路引进到了东方。为什么在整个的亚非欧交流中，伊朗会是古代文明的一个重要交汇点和传递者呢？就是因为在古代交通不发达的情况下，通过中亚陆路来进行交流是唯一的渠道；而即使到海路也开通的时候，由波斯湾而阿拉伯海、印度洋的航海交通，伊朗仍然是重要的舵手。因此，中国和伊朗就在 2500 年当中成为丝绸之路上的邻居，这种影响一直到今天。

丝绸之路这个名称不是我们中国人起的，是一个叫李希霍芬（Ferdinand Freiherr von Richthofen，1833—1905）的德国人在其 1877 年的《中国》第一卷中提出来的。很快，这个写成 die Seidenstrasse 的词被西方学者普遍认可，而在英文世界里以 Silk Road 被更广泛地传播。确实，这条东西方文明交汇的道路，如果用一个非常形象的物质来形容的话，最美妙的东西无过于丝绸了。在古代文明史中，中国的输出品给西方的文明带来了巨大的刺激和激励，这其中，丝绸是最奢华而神秘的。对于丝绸的描述，隔开了千山万水，经过了重重翻译，罗马帝国的人知道织丝的蚕是长在树上的，说它们树上吐丝等等。希腊罗马时代的诗歌在描写丝绸的时候，也总是把它当成一种遥远东方的、具有神秘色彩的东西来讴歌，如：

> 赛里斯人从
> 他们那里的树叶上采下
> 非常纤细的金羊毛
> ——［罗马］维吉尔（Publius Vergilius Maro，
> BC. 70—BC. 19）《田园诗》

所以，丝绸带来了巨大的诱惑，他们极力地要向东方去寻找一种不同于西方的丝绸文明。

可是西方人是怎么知道丝绸的呢，通过西方历史文献的记载我们得知，西方人知道丝绸是在公元前 53 年，是伊朗人告诉了西方——中国有一种东西叫丝绸。当时是伊朗安息帝国的帕提亚王朝时代，罗马帝国的克拉苏带着七个军团东征，入侵伊朗高原，并一直往东，连印度也打下来了。当然，他们在各地都遇到了抵抗，在伊朗高原也遇到帕提亚人的抵抗。帕提亚人的战术非常高明，往往在战争中假装失败，带着自以为得胜的罗马军队往回奔跑，跑着跑着，忽然就骑在马上施展出回头射箭的本事。这种功夫是从匈奴人开始的游牧骑兵战略那里学的，罗马军队因此吃亏不少，后来就提高了防范。帕提亚的军队最终还是失败了，但是有很多次非常精彩的战斗，使得罗马人刮目相看。当中有一场也是假装逃跑，跑到一个山坡上，忽然在光天化日当中舒展出一幅非常巨大的东西，柔软，却在阳光的照耀下异常刺眼，以至于所有罗马军团的人都睁不开眼睛。这个时候的帕提亚人开始射箭，把罗马军队打败了。罗马人发现了帕提亚人一种非常柔软而厉害的武器，因此当他们战胜了帕提亚人之后，就到处去缴获这一战利品，他们被告知这就是来自中国的丝绸。丝绸从此作为战利品输入了罗马的宫廷，但它没有再一次成为武器，而是成为了罗马妇女最佳的服饰衣料。也可以说，它成为东方世界的贸易武器，使得丝绸之路因此而畅通。而这一切，是与伊朗人这个中介大有关系的。

2. "识宝传说"中的波斯与中国人

伊朗不仅在丝绸之路中承担了中介的角色，同时也给中国带来了很大的影响。我在这里举文学作品的例子来说明。在民间文学当中，按照学者们的类型分析学说，每一个民间故事都可以找到其归类，它一定是从某一个类型出来，然后变异而传说开来的。在中国的民间传说当中，就有一个类型叫做"胡人识宝"。胡人就是来自中亚以西的民族，他们能够懂得宝贝，这些宝贝在我们中国人看来并不稀奇，但是在他们眼里却都是价值连城，在中国的许多城市里便有了巨大的宝物交易。这些故事在唐朝人的记载中最多，而唐朝正是中国在丝绸之路交流中走得最远、最为开放的时代，到了北宋以后这条丝绸之路就没那么畅通了。北宋的人还真的非常渴望像唐朝一样的气魄和胸怀，胸怀世界，可是做不到。做不到怎么办？就编书来表示景仰，有一本叫《太平广记》的类书，就编辑了大量唐代的传奇故事。当中的第四〇二卷，选的故事非常精彩，多有胡人怎样在中国识宝的传说，我们可以举两个例子。

大安国寺，睿宗为相王时旧邸也。即尊位，乃建道场焉。王尝施一宝珠，令镇常住库，云值亿万。寺僧纳之柜中，珠不为贵也。开元十年，寺僧造功德，开柜阅宝物，将货之，见函封曰："此珠值亿万。"僧共开之，状如片石，赤色。夜则微光，光高数寸。寺僧议曰："此凡物耳，何得值亿万也？试卖之。"于是市中令一僧监卖，且试其酬直。居数日，贵人或有问者。及观之，则曰："此凡石耳，瓦砾不殊，何妄索直！"皆嗤笑而去。僧亦耻之。十日后，或有问者，知其夜光，或酬价数千，价益重矣。月余，有西域胡人，阅市求宝，见珠大喜，偕顶戴于首。胡人贵者也，使译问曰："珠价值几何？"僧曰："一亿万。"胡人抚弄，迟回而去。明日又至，译谓僧曰："珠价诚值亿万，然胡客久，今有四千万求市，可乎？"僧喜，与之谒寺主，寺主许诺。明日，纳钱四千万贯，市之而去。仍谓僧曰："有亏珠价诚多，不贻责也。"僧问胡从何而来？而此珠复何能也？胡人曰："吾大食国人也。王贞观初通好，来贡此珠。后吾国常念之，募有得之者，当授相位。求之七八十岁，今幸得之。此水珠也。每军行休时，掘地二尺，埋珠于其中，水泉立出，可给数千人，故军行常不乏水。自亡珠后，行军每苦渴乏。"僧不信。胡人命掘土藏珠，有顷泉涌，其色清泠，流泛而出。僧取饮之，方悟灵异。胡人乃持珠去，不知所之。（《太平广记》卷四〇二引《纪闻》）

这个故事讲的是唐玄宗的父亲唐睿宗，他当王子的时候在长安的长乐坊居住，后来当了皇帝，住过的那个地方，一般的老百姓是不能居住的，就施舍为寺庙，叫大安国寺。睿宗皇帝还施舍了一个价值一亿万——大概是一亿万贯铜钱吧——的宝贝作为镇寺之宝，而寺庙里的僧人拿回来一看，这么一个破石头怎么会值一亿万呢？皇帝赏赐的东西，也不好意思说穿，就把它收在宝库里面。到了唐玄宗执政的开元十年，大安国寺要做功德，就有和尚去打开宝库，看看哪个东西可以拿出来卖。结果发现这个不起眼的宝贝，上面写着价值一亿万，他就把那个一亿万的东西拿到了长安城的西市或者东市去卖。结果所有的商人都嗤笑他，说："这个东西就是块平常的石头，和砖头瓦块差不多，哪怕就是皇帝给的，也不值那么多钱啊！"卖了几天也没卖掉，和尚自己也感到很没面子。后来有人就看出来说："这个东西夜里发光，可能是个夜光珠，能不能给个几千两银子，我们就买下来？"和尚说："不行。"那就算了，而价钱也渐渐地高了。再过了一个多月，长安市场上来了一批胡人，到处求宝，一看到这个石头，所有的胡人全部叩拜了，对着它是顶礼膜拜。然后其中一个比较尊贵的胡人就通过翻译问："这珠宝价值多少钱？"和尚说："一亿万。"胡人买不起，把玩了很久，最后恋恋不舍地放下走了。但是第二天又来了，翻译说："这个宝贝确实值一亿万，可是这些胡人在中国待久了，没这么多钱了，还有四千万，能不能把它就转让给他们？"和尚本身也觉得这个石头实在不值那么多钱，四千万简直就是天价了，于是就汇报给大安国寺的方丈，把这个东西卖给了这个胡人。第二天胡人就拿了四千万贯钱，把石头买走了。买的时候，还一个劲致歉说："四千万实在对不住这个珠宝，请不要见怪。"和尚也好奇，便问："虽然东西卖给了你们，你得跟我说说你们从哪里来，为什么它就能值一亿万，有什么用场。"胡人就说："我们都是大食国的人，我们的国王在唐太宗贞观年间与中国交往，把这个宝贝作为贡品献给了太宗皇帝。但是自从丢失了这个宝贝以后，却又常常思念它，就发出诏告：只要谁能够把这个宝贝收回，就授予他宰相的职位。我们找它有七八十年了，现在终于得到了。它是水珠，把它带在身边能够找水，行军休息的时候，只要掘地二尺，把水珠放下去，马上就有泉水涌出来，可以供几千人饮用，所以有了它，行军打仗都不用发愁缺水。自从丢失了这个水珠，行军的时候总是干渴难耐。"和尚听了这个解释，觉得不可思议。那个胡人就让手下的人掘土埋珠，一会儿就有清澈的泉水流了出来，和尚喝了这水，才发现这水珠果然非常灵异。那个胡人拿了水珠走了，不知所终。

唐代的大食国是指伊斯兰教东征后建立的阿拉伯帝国，其中与唐朝往来密切的，是包括了伊朗高原在内的黑衣大食国，太宗时代进贡水珠的，应该还是波斯胡人。这个叫《水珠》的传说就说明了伊朗高原等西亚干旱区对水的需求，以至到处寻求能够掘地得水的宝贝。

还有的故事通过胡人识宝来体现我们中国人的朴实厚道：

典籍与文化 8

司徒李勉，开元初作尉浚仪。秩满，沿汴将游广陵。行及睢阳，忽有波斯胡老疾，杖策诣勉曰："异乡子抱恙甚殆，思归江都。知公长者，愿托仁荫，皆异不劳而获护焉。"勉哀之，因命登舻，仍给膳粥。胡人极怀惭愧，因曰："我本王贵种也，商贩于此，已逾二十年。家有三子，计必有求吾来者。"不日，舟止泗上，其人疾亟，因屏人告勉曰："吾国内顷亡传国宝珠，募能获者，世家公相。吾衔其鉴而贪其位，因是去乡而来寻。近已得之，将归即富贵矣。其珠价当百万，吾惧怀宝越乡，因剖肉而藏严。不幸遇疾，今将死矣。感公恩义，敬以相奉。"即抽刀决股，珠出而绝。勉遂资其衣衾，瘗于淮上。掩坎之际，因密以珠含之而去。既抵维扬，寓目旗亭，忽与群胡左右依随，因得言语相接。傍有胡雏，质貌肖逝者。勉即询访，果与逝者所述契会。勉即究问事迹，乃亡胡之子。告瘗其所，胡雏号泣，发墓取而去。（《太平广记》卷四〇二引《集异记》）

这个叫《李勉》的故事说李勉在河南开封的浚仪县担任县尉期满，沿着汴河坐船要去扬州。经过睢阳即今天的商丘的时候，有一个年老的波斯胡人拄着拐杖来对李勉说："我是个异乡人，现在得了重病，想要回到扬州去，知道您是位长者，希望托福于您而前往。"李勉很同情他，便让他上船同行，途中还管他的餐饮。波斯人非常感动，就跟李勉说："我在波斯是个王族，在中国经商，已经二十年了，家里有三个儿子，他们一定会来找我的。"没几天，到了泗水上，这个波斯人病危了，因此就支开其他人，而对李勉说："我们波斯国丢失了一个传国的宝珠，招募能够找回来的人，可以世世代代担任王公宰相。我贪图这个名利，因此离开家乡到中国来寻找。现在我把这个宝贝找到了，只要回国，我就可以大富大贵。这个珠宝价值百万，我担心带着宝贝穿越异国他乡不方便，就割开自己的肉把它藏在了里面。现在不幸得病，要死了。感激您对我的大恩大德，请让我把它赠送给您。"说着就用刀割开大腿，把宝珠从肉里拿出来了，波斯胡人也死了。李勉给他准备了丧葬的被服，把他埋葬在了淮河边上。掩埋他的时候，悄悄地又把宝珠放进了他的嘴里。扬州这个地方在唐朝是非常富饶的都市，当时有"扬一益二"的说法，就是说全国最富裕的城市，扬州第一，成都第二，北方的都城洛阳、长安都排不上。因为在长江边上，经常就成为了海上丝绸之路的终点，很多的波斯胡人汇聚在扬州做生意。李勉到了扬州之后，就经常到热闹的集市上去接触这些波斯人。后来他看到有一个长得跟死去的那个波斯老胡人很像的年轻人，就去询问，果然是那位老胡人三个儿子当中的一个，因此就将他父亲埋葬的地方和珠宝的下落告诉了这个年轻胡人。年轻人到了墓前就嚎啕大哭，挖开墓葬，得到了这个珠宝就回国了。

　　这样的传说故事在唐朝的小说里面一个接一个，表现了我们中国人的好奇，也表现了中国人的正直。同样，其中的波斯人跟中国人做生意的时候，也都非常诚实，你说这个东西值一百万，他就给你一百万；你说这个东西值三十万，但他认为值一百万，就会给你一百万。在唐朝的许多识宝传说故事里面，描写了丝绸之路上一些诚信商人的品格，所以在唐朝，中国人都非常愿意跟波斯人做生意。为什么会有这么多的珠宝传说出现在中国的唐朝呢？我们的研究者曾经指出：公元651年，就是阿拉伯帝国征服伊朗高原、萨珊波斯王朝灭亡的那一年，是中国的唐高宗永徽年间。此前波斯帝国曾经多次向唐朝求救，但远水不解近渴，中国鞭长莫及。波斯灭国的最后一个王子叫卑路斯（Pirooz），也曾来中国求救，唐王朝便在葱岭西边的吐火罗地区（今阿富汗一带）设置羁縻州，在卑路斯所在的疾陵城（今伊朗东北部）设波斯都督府，任命卑路斯为波斯都督府都督。但这些有限的援助没有能够阻挡伊斯兰教的东征。卑路斯最后被迫流落唐朝，而被高宗收留、赏赐，最后死在长安。虽然中国的援手没有能够使得波斯复国，但是因为中国的友好态度，使得当时的波斯贵族都纷纷仿效卑路斯而东逃中土。

　　正是在这样的历史背景下，大量的伊朗珠宝流失在中原，也带来了胡人识宝传说的流行。而胡人对宝物交易的出手大方使中国人对波斯胡商之富留下深刻的印象，也让诗人李商隐在《杂纂》中用"穷波斯"来指称一种完全"不相称"的现象。一直到了明朝的通俗小说集《初刻拍案惊奇》中，还有着明朝商人与波斯胡商诚信交易而发迹暴富的小说《转运汉遇巧洞庭红，波斯胡指破鼍龙壳》。因此，在古代中国的历史长河中，我们对波斯留下了非常好的印象，这种美好而深刻的印象就通过文学故事代代相传。

3. 我们身边的伊朗影响

不仅仅有这样的传说，同时也有真实的影响到今天保存下来，它们被严谨的学者们从历史文献和考古材料中寻觅出来，织就了丝绸之路上伊朗与中国之间的互动空间（图3）。

图3　三部外国学者讨论丝绸之路上中国与伊朗之间文化交流的著作，中文译本书影

如一位德国的东方学者劳费尔（Berthold Laufer, 1874—1934）写了一本书叫《中国伊朗编》（*Sino-Iranica*），副标题是"中国对古代伊朗文明史的贡献"，意思是说古代中国大量的物质文明内容来自伊朗，伊朗人已经不知道了，因为中国的历史资料非常丰富，中国人会记载从汉代以来哪些东西是从伊朗传过来的。因此呢，中国的资料对伊朗文明的研究是一个巨大的贡献。在中国的史料当中记载了很多的舶来品，讲到小麦、开心果等等的东西都是从西方传过来的，同时中国的文明对伊朗也产生了影响，如桃子、杏子、造纸术等等，都是怎么样从东边传到了西方。《中国伊朗编》实际上是在写丝绸之路上中国与伊朗在物质文明方面的交往。劳费尔从1910年起在美国芝加哥自然历史博物馆工作，1919年出版了这部影响深远的著作。

还有个美国人叫爱德华·谢弗（Edward H. Schafer, 1913—1991），在1963年出版了一部书叫《撒马尔罕的金桃——唐朝的舶来品研究》（*The Golden Peaches of Samarkand：A Study of T'ang Exotics*）。作者的中文名字叫薛爱华，而本书的中文译本则是吴玉贵先生的《唐代的外来文明》。这部书以唐代为研究对象，也大量地利用了汉文史料，详细讨论了丝绸之路上世界文化的交流和文明的引进，举凡唐朝生活的各个方面，如家畜、野兽、飞禽、植物、木材、食物、香料、药品、纺织品、颜料、矿石、金属制品、世俗器物、宗教器物、书籍等，共 18 类 170余种，都一一做了精彩的分析，其广泛性超过了《中国伊朗编》主要集中于植物播迁的讨论。而这些丰富的舶来品中，来自伊朗的影响，也非常突出。

还有一位伊朗人阿里·玛扎海里（Aly Mazaheri，1914—1991），他在法国做研究，1983 年他出版了一本叫《丝绸之路》（*La Route De La Soie*）的法文书，利用大量的波斯史料、希腊—罗马史料，与中文史料印证，对中国及其周边地区的文化经丝绸之路传到波斯并在波斯得以发展，然后又传向西方（特别是罗马）的问题作了深入探讨。当这本书被翻译成中文的时候，他特别要求为它加一个副标题"中国—波斯文化交流史"，意思是这个丝绸之路跟西方人没有关系，是中国和伊朗两家的事情。也就是说，丝绸之路虽然对世界文明产生了巨大的影响，真正的当家者是中国和波斯。

在这些书里面，我们可以看到中国和波斯在古代文明的交往当中是互相分不开的孪生兄弟，就像我们前面讲到的，丝绸之路上丝绸的影响，也是由中国产出而通过伊朗传输到世界范围的。至于中国学者讨论中国—伊朗的研究成果，在国内比较好找，此处就不去说了。

我们还可以通过身边的现象把这个问题讲得更清楚一些。

大家都知道，我们中国的街头流行着一种小吃叫羊肉串，是从哪儿来的呢？从新疆传出来的（图 4）。羊肉串的味道非常奇特，能吃羊肉的人，大多觉得羊肉做法里最好吃的是羊肉串，它为什么好吃呢？就是因为放了三种调料：盐、辣椒粉、孜然粉。这个孜然不是中国产的东西，它更早的译名叫做莳萝，是波斯语 zeereh（小茴香）的音译。唐朝人李珣著的《海药本草》就提到："莳萝生波斯国。"也就是来自安息的茴香。我们中国有茴香，叫八角茴香。可是那个味道很重，煮红烧肉、煮茶叶

61

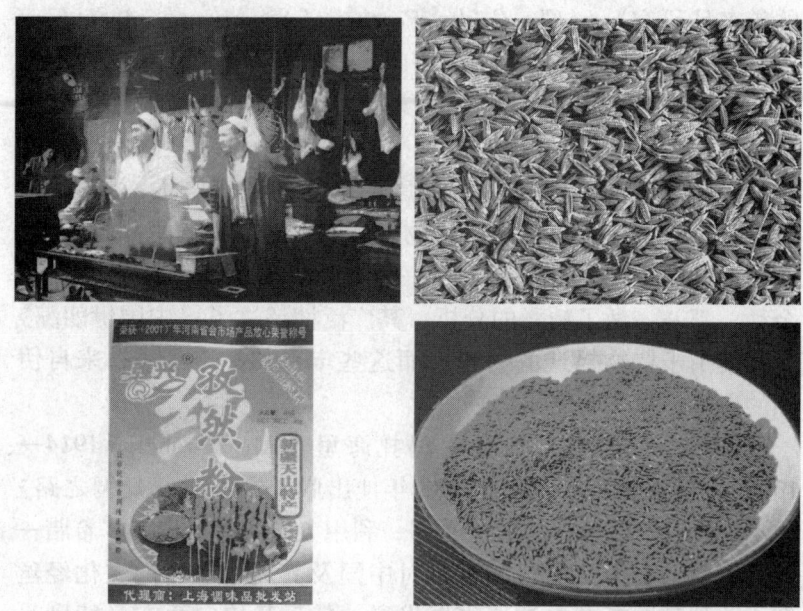

图4 喀什噶尔的烤肉铺；羊肉串风靡全球的原因，是来自波斯的
调味品孜然在起作用

蛋，要放这种叫做大料茴香。而这个孜然，却是很小的，比麦
粒还要小的一个物种，所以它被称为小茴香。这个东西，就是
来自波斯的。在今天的伊朗，孜然用的很少。可是这个东西来
到新疆以后呢，在新疆长得非常茂密，当它用于做羊肉串、做
烤鱼等等的时候，就会散发出一种奇异的诱人的香味，羊肉串
就这样俘获了我们中国人的肠胃。

2006 年我第一次到英国，第一次到教堂，碰到的第一位英
国的女士跟我说起她在中国的经历的时候，她说：我除了会说
"你好"、"谢谢"之外，另一个中文你们肯定不知道，我问：
"那是什么？"她说："那是我在北京街头最喜欢吃的东西——羊
肉串！"她会说"羊肉串"这个中文。我们可以看到：经过中国
几千年的流变，孜然这一安息茴香——波斯的茴香，当它落户
中国的时候，跟中国的游牧民族所喜欢吃的烤羊肉结合在一起，
形成了独特的小吃叫羊肉串，它在中国的大街小巷里，抓住了
世界人民的胃口。我们可以看到在羊肉串这种小吃里面饱含了
中西文明交流的历史在里面，其中不仅仅有中国的元素，更有
来自伊朗的元素存在着。

如果我们到新疆，在吐鲁番等地的绿洲中，还可以看到无数的地下人工河流——坎儿井，这个伟大的水利工程，据说也是来自伊朗文明的影响……

　　对于波斯的迷恋，西方也是一样，他们喜欢波斯曾经给他们带来的文明。比如说在英国，曾经培育成了一个猫的杂交品种，高贵、温顺、洁净，这个猫的品种叫波斯猫（Persian），今天，这已经是家喻户晓、尽人皆知的名称了（图5）。可是波斯猫并不是直接来自于波斯王朝，它是英国人经过100多年的选种繁殖，在19世纪的时候合成的一个品种，是亚美尼亚和阿富

图5　波斯猫，来自西方世界对于古代伊朗贵族文明的景仰而创造的名词

汗的土猫经过杂交以后形成的新品种。对于这么一个品种，起个什么名称呢，当时的培育者觉得这种美丽、富贵的猫，只有当年的波斯王朝才能配得起，因此形成了波斯猫这样一个说法，实际上也表达了英国文化中对伊朗这一文明古国的波斯王朝贵族生活的一种欣赏态度，所以把这个曾经属于波斯帝国区域内的阿富汗和亚美尼亚杂交品种，用了"波斯"这一高贵的词——事实上，今天的伊朗人对于这一波斯猫的称呼，反而觉得莫名其妙。这种风靡了英国的波斯—伊朗风，实际上是波斯对整个世界巨大影响存在的例证。

　　通过以上的回顾，我实际上想告诉大家的，就是当我们在研究和学习中国历史的过程中，会发现波斯—安息—伊朗的影响真是如影随形，始终存在。中国本来应该是如此的熟悉伊朗这个邻居。可是当中国经过了几十年的闭关锁国之后，又迎来了伊朗的闭关锁国三十年，这两个国家之间的民众交往是如此地少。我们对古代伊朗的非常了解，变成了对当代伊朗的非常不了解。尤其是作为像我这样的一个历史学者，一个在中国西

北有过多年生活和研究的人，一个从事新疆历史研究的人，如果没有去过葱岭以西的那些国度，没有对葱岭以西的丝绸之路有所了解、有所经历的话，毫无疑问将是我人生和学术的严重缺憾。在葱岭以西，对我们中国最重要的影响，就是以今天的伊朗为核心的波斯。正是通过波斯，我们开通了丝绸之路，在遥远的古代便开始了走向西方、探寻世界的漫长道路。

就是因为这种古老的伊朗文明在中国文明中影响因子的持续存在，使得我愿意在美国的阴影下去伊朗。既然在遥远的古代，我们曾经通过伊朗去了解西方世界；那么在今天，我们实在不应该忘记伊朗的存在！

三、镜头下的现实伊朗

做了这么多的铺垫，我再来讲今天的正题：今年元旦前后我所看到的伊朗，这就是我的民间视野的第三点——镜头下的现实伊朗。

1. 我们的考察线路——沿着马可·波罗的足迹

我们一行 10 人是得到德黑兰国家博物馆邀请，去参加一个"伊朗与中国古代关系国际学术研讨会"（International Seminar on the Historical Relations between Iran and China），因此而有了十天在伊朗的访问，在那里进行了三天的学术交流和七天的学术考察。我们全部的行程，就是从靠近伊朗北部的首都德黑兰往南走（除了会议期间前往德黑兰西北的加兹温考察之外），经过伊斯法罕、亚兹德、设拉子，一直走到了最南边的城市阿巴斯港，上了霍尔木兹岛，感受了刚刚结束军事演习的霍尔木兹海峡。最后从阿巴斯坐飞机到迪拜，进入阿联酋，从那里飞回了中国。

对于伊朗的印象，虽然是行色匆匆，只有十天的时间，随着跟伊朗土地的接触、跟当地人的接触，确实留下非常美好的印象，这种印象在南行的过程当中逐渐地加深。

我们可以看看今天伊朗的地图：伊朗现在的面积是 163 万平方公里，正好同我们的新疆非常接近，新疆维吾尔自治区也有 160 万平方公里，是中国最大的一个省份，占了中国的六分之一的面积。也就是说，伊朗的面积相当于中国的六分之一，在世界国家地理面积的排行中，排名第十六，也是一个大国。

因为是冬天，我们没有去北边大不里士、里海沿岸。伊朗的友人也非常有意思，你如果没去伊朗的哪个地方，他就会说：你没去的这个地方呢，才是我们国家最好的地方，下次你还要来。虽然里海的鱼子酱充满了诱惑，大不里士作为蒙古人在伊朗建立的伊儿汗国的首都，也一样吸引着我们，但我们从德黑兰一直南下，也是一条我们特别想走的线路，它基本的方向是马可·波罗往返中国曾经走过的路。马可·波罗从遥远的意大利出发，从西北往东南，经由陆路，穿越了整个的伊朗高原，来到霍尔木兹海峡，准备从霍尔木兹海峡坐海船进入中国。可是到达霍尔木兹海峡的季节，他们没有遇到可以将海船送往东去的季风，同时霍尔木兹的船，比他们意大利的船要小得多，让他们感到忧虑。这样，他们又重新从霍尔木兹海峡折返往沙漠深处的东北方向前行，走上了今天的陆上丝绸之路，进入中国，进入元朝。等他在中国待了 17 年后，以护送蒙古公主到波斯成婚的使命返回时，仍然从海路到达霍尔木兹港口，从那里沿着来路从南到北，前往伊儿汗国的首都大不里士。我们走的路，基本上也是马可·波罗在伊朗从北到南的道路。

2. 山脚下的城市德黑兰 (Tehran)

在伊朗，我们首先感受了首都德黑兰。德黑兰的意思是山脚下，这个城市也确实建立在积雪皑皑的厄尔布尔士山脉的南坡下，高楼不多。我们所下榻的饭店，可能就是德黑兰最好的饭店之一了，名字是"革命饭店"（图6）。伊朗在 1979 年推翻了巴列维王朝之后，那一年就被称为"革命年"，所以很多地方都打着这个旗号。革命饭店的地位大概也相当于中国的北京饭店了，要说现代化的程度，确实比我们 30 年来的步伐差远了。位于德黑兰市的自由纪念碑，1971 年为纪念波斯帝国创立 2500 周年而建立，可能是德黑兰最重要的地标性建筑。我们在德黑兰的时间主要是在参加研讨会、参观博物馆，街景看得很少。今天网络非常流行，去过伊朗的人都忍不住要写博客，在他们粘贴的丰富的照片里面，也可以看到，德黑兰这个城市确实要比北京差远了。

然而有一天，我们几位同行者偶然晚上从革命饭店出门散步，去看地铁。因为听说伊朗所有的地铁是中国人援建的（图7），是中国在海外承建的第一个地铁项目，而伊朗也是中东和海湾地区第一个拥有地铁交通的国家。你到伊朗去，伊朗的出租车司机如果听说你是中国人，可能会问你："你是来修地铁的吗?"我们看到这个地铁站确实修得很漂亮，同行的孟宪实

图6　德黑兰革命饭店大楼

图7　德黑兰地铁站的墙饰

教授在他的博客里面写到他看了地铁以后，很感慨，说他看到中国人建的伊朗地铁站往上往下的滚动电梯都有，可是我们中

国的地铁里面——北京的地铁里面，也没有完全做到上上下下的电梯都有——这样对老年人来说是非常不方便的；而且即使有了上下的电梯，这往下的滚动电梯还经常是关闭的。可是在伊朗，它这方面给民众提供的方便确实做到位了。因此从软件、硬件上看城市的现代化，好像还不能完全说德黑兰是落伍的。此外，公共汽车设定的男女前后分坐制，我相信它的用意也在于保护妇女儿童，而不是美国早年白人、黑人前后分坐的歧视政策。

在伊朗，作为学者，我们印象最深的还是它的众多的博物馆，而且门票非常便宜，大概就是三千里亚尔。三千的数字听起来很贵，其实不贵，一万里亚尔相当于一美金，今天受到美国的制裁以后，大概两三万里亚尔才相当于一美金。中国人到那个地方一换里亚尔，马上都变成了千百万的富翁，非常有钱。所以三千里亚尔是非常少的价格，因此在伊朗看博物馆是非常享受的，也体现了国家对博物馆民众教育的重视。而且在那里你也看不到像中国的国家博物馆、上海博物馆那么气派的博物馆建筑，那么大的博物馆在伊朗没有。但是它非常有特点，除了国家博物馆的综合性之外，德黑兰众多的博物馆显得非常小巧，全部是一些专门博物馆。

我们到达德黑兰的第一天，就去参观了两个专业博物馆。一个是专门展示玻璃器皿和陶器的博物馆（图8）。我们大家都知道现代意义上的玻璃在古代中国没有，有的是从丝绸之路传

图8　德黑兰玻璃与陶器博物馆及其展品

来的。伊朗高原是比较早地传递和掌握了玻璃技术的，因此这里的玻璃器皿保存得非常多样，最早的玻璃和陶器陈列品是公元前2000年制作的。而博物馆建筑本身也是一个具有近百年历史的私人庭院。

像织布机一样的建筑外形，是德黑兰的地毯博物馆（图

9），伊朗的手工地毯技术以历史悠久、织工精巧而享誉全球。伊朗至少从 2500 年前就使用地毯，这种技术也一直传承到现在。现在买一块小小的丝织地毯，动辄上万人民币，我们在那儿都没有买地毯。但是从博物馆的陈列中，你确实可以看到波斯文明在地毯艺术上的伟大创造。

图 9　德黑兰地毯艺术博物馆及其展品

图 10　德黑兰伊朗国家博物馆及其文物

　　德黑兰的伊朗国家博物馆是 1937 年建成的历史性建筑，被称为德黑兰的精神家园（图 10、图 11）。如今它有两个大楼组成，左边的红色大楼，是伊斯兰前的物质文明陈列，右边这个白色大楼，是伊朗伊斯兰化以来的文明陈列。毫无疑问，那是了解伊朗历史最为系统而直接的方式。我们因为得到国家博物馆馆长的邀请而来参加会议，特别为我们展示了珍藏在库房内的来自中国的瓷器，这是大家都非常熟悉、目前特别抢眼的青花瓷，从蒙元以来一直到明、清两代都流行的青花瓷艺术。青花瓷是随着成吉思汗的西征，逐渐地被伊朗高原的人们所欣赏的，以至于后来在西亚、北非、阿拉伯半岛的伊斯兰世界，对于中国青花瓷的需求量非常的大。中国汉民族文化原本并不太崇尚这种青花瓷，但是伊朗从伊儿汗国以来的历代王朝都很喜欢，专门到中国来定做这样的青花瓷，用于神庙和宫廷。因此，我们今天在伊朗的博物馆里面所看到的青花瓷，可以说在当时都是国宝级的，是专门为出口定制的外销瓷。在德黑兰的国家博物馆里面，可以看到元代以来最好的青花瓷，据说多达 900 多件。他们也愿意与中国交流，将这些艺术品开放给中国学者共同研究。伊

图 11　伊朗国家博物馆的门廊（伊旺）是典型的波斯建筑风格

朗的青花瓷，说起来也确实是中国艺术的一个展现。

　　让我感到特别值得记录的，是伊朗的博物馆事业开展得非常好。我们在会议期间，除了遇到大量的博物馆游客外，还不断地碰到由学校组织了的小学生、中学生成群结队地来看展览（图12）。男女分校的特点，在学生队伍中看得很分明。女生的队伍出现的时候，清一色围着校服式的头巾。虽然如此，从洋溢着的笑容中，相信她们还是享受着伊朗文明健康、向上的教育和熏陶，并不因为那些保守的装束而影响了欢乐、幸福的童年。

图 12　络绎不绝前来参观的学生

　　博物馆的事业做得更好的地方呢，还有让我们所体会到的环境：在我们开会期间的茶歇处，墙上挂的都是中国元素的东

图 13　在德黑兰的伊朗国家博物馆开会，到处充满了好客的主人精心设置的中国元素，让你宾至如归

西（图13）。这次会议主要是中国学者和伊朗学者就古代中国与伊朗关系史的对话，我们看到墙上挂的都是青花瓷，为会议准备的请柬和一块礼品壁挂瓷砖，也是青花瓷，并且印上了中国主办方北京大学的标志；相连着的一个休息室，则挂了一墙的水彩画，每幅画上是两个形象、服饰都不相同的妇女，那是从中国的汉代到清代、从波斯的阿契美尼德王朝到恺加王朝期间，两千年来波斯与中国妇女的同期对比图。这样的环境真的叫感同身受——看似轻描淡写的布置，让你好像走到自己的家里一样，那种自古以来就是一家人的亲切感，真是扑面而来，如沐春风。博物馆事业做到如此体贴、人性化的服务，怎不让人叫绝？反观我们中国，博物馆事业也不断地在开展，至少已经做到免费了。但是有没有做到这样无微不至的、让你在博物馆的时候就像走在家中的厅堂和庭院中那样自在、舒适呢？我觉得还有一定的难度。但是在伊朗这样一个国家，在被妖魔化为野蛮的国家，通过博物馆来使民众得到教育方面，却让我觉得已经非常出色。我们在伊朗遇到的任何一个愿意跟我们交流的人，都会夸赞中国是多么的伟大，说些他所知道的中国情况；而听说你是历史学家时，又会马上给你摆谱地说伊朗的历史也一样悠久。包括很多导游的水平都非常高，感觉他们是受到了

专业的训练。这个素质，我觉得是跟国家的博物馆事业普及有很大关系的。

3. 加兹温（Gazvin）与卡尚（Kashan）——萨法维王朝的首都与夏宫

我们到达的第二个城市是加兹温，那也是德黑兰会议期间，由国家博物馆专门为中国学者安排的学术考察（图14）。这个城市在德黑兰西北130多公里，是我们这次唯一略向北部考察

上：契黑尔·索通博物馆皇宫及其玻璃装饰，恺加王朝时代的土耳其浴室
中：豪华的地毯铺满房间，伊朗的正餐
下：穆斯图菲陵墓，俄罗斯东正教教堂

图14　在加兹温感受伊朗

的地方。这里是16世纪萨法维（或者叫萨非）王朝最早的首都，现在是加兹温省的省府。我们在这里参观了由当年的四十柱（契黑尔·索通）皇宫改建的博物馆（Gazvin Chehelsotun Museum），皇宫璀璨的玻璃门窗也是伊朗建筑的重要特色。其中展览了伊朗不同时期的书法作品。

此外，还第一次参观了中亚盛行的土耳其浴室——保存完好的恺加王朝时代的土耳其蒸汽浴室（Anthropology Museum of Qajar Turkish Bath）；还看了商人旧居中铺满房间的豪华地毯。我们还参观了 14 世纪伊朗著名历史学家、诗人和地理学家哈姆杜拉·穆斯图菲（Hamd Allāh Mustūfī）的陵墓。他有两本代表作，一本名叫《选史》（Tārīkh-i Guzīda），另一本名叫《心之喜悦》（Nuzhat al-Qulūb），前者关于历史，后者关于世界地理。我们在北大的《马可·波罗行纪》读书班，最近一直在读马可·波罗经过伊朗的一段，因此经常引用到《心之喜悦》中的材料。而他被伊朗人所敬仰，更多的是因为诗人的桂冠，让我对伊朗人重视文学的程度有了第一步的印象。我们也在那里享用了据说从国王到平民都一样的餐饮内容——羊肉沫、鸡肉串、藏红花抓饭、烤西红柿、咸酸奶等等。因此在加兹温这个地方，确实让我欣赏到了这个国家特有的艺术呈现。而在《马可·波罗行纪》中，加兹温在当时被称作可疾云（Casvin），是当时的波斯八国之一。

　　作为一个伊斯兰教的国家，我们可以看到它还完好保存了当年俄罗斯人在这里修建铁路的时候，在那个有俄罗斯人居住的地方建立的东正教教堂以及带着十字架的坟墓。我后面要讲到，虽然这是一个伊斯兰教为国教的国家，可是它并不排斥其他信仰的存在，这是我们并不了解的现实真相。

　　后来我们在南下的时候，还经过了一个沙漠边的城市卡尚（图 15），卡尚是萨法维王朝时代避暑的夏宫，在那个地方修建了美丽的庭园。伊朗是一个缺水的国家，花园的成功主要看其水资源的处理。我们可以看到这个皇家花园——芬花园（Fin Garden），是以自然水源做成的喷泉系统而著名。花园从萨法维王朝算起，到现在也有五百年了，它原来设计好的这种喷泉，五百年以来，一年四季，一直在喷水，这就非常了不起了。卡尚的伊斯兰教风格的民居也非常考究，映现了这个城市的贵族品质。

　　在卡尚前后，我们通过乘汽车旅行也领略了伊朗中部的风光，像伊朗高原最著名的南北山脉叫扎格罗斯山，非常壮观。同时我们也可以看到它的公路系统非常发达，在巴列维王朝的时代，1979 年以前，伊朗全国的现代化基础设施已经建设完备，

上：芬花园的自然喷泉，博鲁杰尔德民居

下：扎格罗斯山景与公路交通，公路交通中途休息站

图15　卡尚及其周边

虽然今天看起来很多地方显得陈旧，但是好用，那就说明伊朗在民众生活方面处理的非常好。当我们去伊朗之前，就被告知伊朗的公路非常难走，一个城市到另一个城市，只有 100 多公里，可能你得走一天；而飞机呢，伊朗的国内飞机也很糟糕，经常掉下来。这种妖魔化的结果，是你在伊朗地上也不能走，天上也不能走，简直寸步难行。但是我们地下也走了，天上也飞了，完全没有碰到过这样的情况，伊朗的交通还是比较发达的。而且我们也可以想象到的，是挡不住人家石油多，坐车对他们来说是一件非常小的事情。导游不无夸张地说：汽油的价钱是水的三分之一，意思是在德黑兰买一瓶矿泉水的价钱，你可以买三瓶汽油，就这样一个比例。交通线路上，在每一个中途的休息店，我们都可以看到喝茶的地方，可以轻松地喝杯伊朗式的红茶、来两颗椰枣什么的。在伊朗旅游是非常舒适而方便的。我们想象的野蛮的伊朗人，那是根本看不到的情形。据说在伊朗的哪个地方待得时间长了，当地的人注意到你，会主动叫你到他家喝茶，而且分文不取，他就觉得来自外地的客人在他的家乡应该被招待。在原本好客的中国，也已经不太有这样的情况出现了。

4. 伊斯法罕（Isfahan）半天下

在伊朗人看来，到伊朗最必须去的地方是伊斯法罕（图16）。伊斯法罕市是伊朗的伊斯法罕省的省会，在《马可·波罗行纪》中，被称作亦思法杭（Ispaan）。伊朗现在有27个省，而"伊斯法罕半天下"！这个谚语是在说伊斯法罕城的富庶、美丽，谁拥有了它，就等于拥有了半个世界。伊斯法罕曾经是塞尔柱王朝、萨法维王朝的首都，至今仍是伊朗的第三大城市。我们从德黑兰出发后，住宿的第一站就是伊斯法罕市。当天晚上到达那里，就已经感觉到其非凡。

左上：三十三孔桥　　　　　中上：谢赫·卢特夫拉清真寺的穹顶
左中：哈朱桥　　　　　　　右上、右中：伊玛姆清真寺内外
左下：阿巴斯饭店大堂一角　右下：世界之画广场一侧

图16　在伊斯法罕尽享奢华

在干旱的西亚，伊斯法罕所以美丽，就是因为它有河，一条扎因代河（Zayanderud）横贯伊斯法罕，上面修建了很多座桥。在夜幕中进入伊斯法罕之后，导游并没有直接去安排住宿，而是带我们直奔夜景中三十三孔桥（Siose Pol or Allahverdi Khan，又称阿拉维尔第汗桥）和哈朱桥（Khaju）。原来以为只有水多的江南、剑桥有美丽的桥，可在这里，却发现伊朗的建桥技术和艺术也是闻名天下。在华灯中的伊斯法罕散步，真是有天堂漫步的感觉。

我们在伊斯法罕住宿的阿巴斯宾馆也领略到了这个城市的奢华，它可能在伊斯法罕也是很一般的宾馆，但是灯光的设置、对于旅客服务的周到，以及价格的便宜，都是我们所不曾想到的。孟宪实教授走进大厅后也感慨说：什么叫做金碧辉煌，这里就是。

伊斯法罕的奢华在白天也一样看得到。那个被称为世界之画广场（Naghch-e Jahan Square）的地方，就是伊斯法罕的中心。据说它的面积在世界排名里面仅次于我们的天安门广场，是莫斯科红场的两倍。到伊斯法罕，一定要去看这个广场。

广场周边分布着三大建筑群：南边的伊玛姆清真寺（Imam Mosque）、西边的阿里·卡普宫（Ali Ghapu Palace）和东边的谢赫·卢特夫拉清真寺（Sheikh Lotfollah Mosque）。伊朗的艺术在伊斯兰教传入之后，最好的表现都集中在了清真寺上。伊斯法罕有200多个清真寺。伊玛姆清真寺的壮丽宏伟，只有身临其境才能感受得到。看看谢赫·卢特夫拉清真寺这个非常有名的拱顶吧！用了一个什么样的办法使得它周围的窗户能够进入光芒，给我们带来金碧辉煌的感觉？而每次总会有一束光这么聚集地产生反光，与拱顶的圆连接成孔雀开屏的模样。千万不要觉得好像是照相机的特技折射出那一束光而构成了孔雀的映像，而是人在有太阳的任何时候进去，这个拱顶上面都会反射出这么一束光来，使得它像一个开屏的孔雀。有关清真寺的建筑艺术之美，绝不是三言两语所能说得清楚的。

典籍与文化 8

5. 拜火教的圣城亚兹德（Yazd）

我们继续南下，并往东去，折进了沙漠中间一个叫亚兹德的城市（图17）。亚兹德这个省，从东南西北四个方向来衡量，是伊朗的正中心。省会城市的亚兹德，四周都被沙漠包围，而处于山谷当中，与我们的新疆干旱区绿洲风光非常相似。在伊斯兰教出现之前1000年，这里就是丝绸之路上通向中亚和印度商队行程中的中心。一直要到巴列维王朝的时代，铁路修通，它才变成了一个边远城镇。马可·波罗的时代，亚兹德发音为耶思德（Iasd），被他描述为波斯边境的一座繁荣城市。

而且在伊斯兰教进入之前，它还是拜火教的中心。在公元650年伊斯兰教传入伊朗之前，全伊朗的宗教信仰是拜火教。因为崇尚火，我们中国人把它叫拜火教，古代叫做"祆教"。而在

上：纳因单塔清真寺，寂灭塔，亚兹德的老街巷
下：奥帖希喀代的琐罗亚斯德教圣火坛阿胡拉，亚兹德的风塔，亚兹德坎儿井进入城市居
室的地下水窖

图 17　亚兹德的古老宗教与风水利用

伊朗的正式名称，是用创始人的名字，称作琐罗亚斯德教
（Zarathustra，又译查拉图斯特拉）。伊斯兰教进入以后，作为国
教的琐罗亚斯德教反而成了异教，大量教徒东迁，留在伊朗本
土的教徒主要集中在亚兹德地区。我们在进入亚兹德之前经过
的纳因大清真寺（Jame Mosque of Nain），就是由一个早期的拜
火教寺庙改造的。

　　在亚兹德郊区的山坡上，我们还参观了琐罗亚斯德教徒亡
故后举行葬礼的遗址（Zorastrian Cemetery in Yazd）——寂灭塔
（Silence Tower），据说直到 1978 年，教徒还使用这一方式。在
亚兹德城里，也有被称为奥帖希喀代（Atashkadeh）的琐罗亚斯
德教圣火坛（Zoroastrian Fire Temple），保留着从公元 470 年以
来一直燃烧的火种。亚兹德至今仍有上万的琐罗亚斯德教徒存
在。前一天我们还在伊斯法罕参观了一个伊朗的亚美尼亚人至
今仍在礼拜的基督教堂，使我们深信：作为一个以伊斯兰教为
国教的国家，今天的伊朗并不是一个排斥异端、没有包容精神
的国度。

　　因为干旱，这个城市有像新疆吐鲁番等地那样的灌溉系
统——坎儿井。我们走在亚兹德的老城区，看到那些土墙的巷
道，跟新疆的民居是非常相似的。而当地坎儿井的系统，比我
们在新疆所见到的要成熟、完备得多。关于新疆坎儿井的起源，

到底是来自于中原，还是来自于西方的伊朗，一直是有争论的。从坎儿井在新疆和伊朗出现的时间与发达程度上来考虑，新疆坎儿井通过丝绸之路从伊朗传来的可能性要大一些。但是我们中国人总希望自己是一切事物的发明国家，有时候会意气用事地考虑这些丝绸之路上的物质交流。其实有时候我们恰恰要客观地面对西来文明的影响，它反而证明了我们的古人所具有的一种开放、包容的心态。

我们还可以看到，亚兹德这个地方还有一种柱子一样的建筑矗立在屋顶，叫风塔，风塔上面的口子对着四面八方，通过冷热对流，使得上面的热风转到地下，再通过地下坎儿井流出的贮水池变成凉风，传输到各个房间，成为一种天然空调。独特的水资源、风资源的获得和利用，是亚兹德这个干旱的沙漠城市千百年来民众智慧的结晶。

6. 设拉子（Shiraz）——充满历史和诗意的玫瑰和夜莺之城

如果你只有一天的时间在伊朗的话，所有的伊朗人都会建议你一定要去设拉子，而不是德黑兰。因为在设拉子的周边，2500 年以前就是波斯帝国的首都，而且后来不断地成为王朝的首都。德黑兰作为伊朗的首都，只是 1795 年的事情。设拉子这个城市因为葱翠的花木而充满诗意，而被称为玫瑰和夜莺之城；同时也因为是伟大诗人萨迪和哈菲兹的故乡，又有诗歌之都的美誉。设拉子如今是法尔斯省的省会，《马可·波罗行纪》自然也记载了它，称作设拉子（Çiraç）。我们从时间和空间由远而近的序列，来展示设拉子的历史和诗意（图18）。

上面左边的这幅图，是我们从亚兹德前往设拉子途中，晚上经过的时候拍摄的。这是波斯帝国的创造者居鲁士大帝的墓，这个用巨大的石块堆积而成的墓葬比起中国的秦始皇陵、唐太宗的九峻山陵墓来说，显得非常简朴。但是因为居鲁士对伊朗的巨大贡献，就是在伊朗的天敌——希腊的亚历山大东征的时候，也认为居鲁士实际上是给世界带来了巨大的文明，因而一直没有摧毁它。公元前 550 年，居鲁士就在这个陵墓所在的地方帕萨尔高德（Pasargad）建立了阿契美尼德王朝的第一个都城，而拉开了波斯帝国辉煌历史的序幕。

上：帕萨尔高德的居鲁士墓，波斯波利斯遗址

下：纳克歇·鲁斯塔姆——帝王谷，萨珊王朝的非鲁扎巴德王宫遗址

图 18　设拉子郊区缅怀波斯帝国的阿契美尼德和萨珊王朝

　　居鲁士墓在设拉子东北 130 公里，而离设拉子更近的东北
60 公里处，便是更为著名的波斯波利斯（Persepolis）都城遗
址。波斯波利斯是希腊语"波斯的都城"之意，伊朗人喜欢用
他们的波斯语称呼这里为塔赫特·加姆西德（Takhte Jamshid），
波斯神加姆西德的御座的意思。这个伟大的都城在大流士大帝
时期兴建，最后在大流士三世时期完成，前后用了 150 年时间。
公元前 331 年，被亚历山大大帝的东征军纵火摧毁。据说在焚
毁之前，亚历山大还"动用了 1 万头骡子和 5000 匹骆驼才将所
有的财宝运走"。但是，这个用巨石修建的恢弘都城，并没有像
阿房宫那样灰飞烟灭，时隔 2300 多年，我们去看时，它所留存
下来的遗址像巨人的骨骼那样，丝毫不亚于我们到希腊、罗马
看到的那些伟大的西方文明的建筑遗存。

　　其中的万国门、觐见大厅、百柱大厅、寝宫等等，以及觐
见厅阶梯上的浮雕刻画的波斯帝国 35 个属国朝贡的场面……都
可想见当时这个礼仪都城是多么的豪华和气派。

　　再接近设拉子一点，城市西北方向 7 公里处，我们还去看
过帝王大流士等等波斯帝国创立者的陵墓所在地。这个地方被
称为纳克歇·鲁斯塔姆（Naghshe Rostam），我们把它译作"帝
王谷"，阿契美尼德和萨珊王朝的国王们埋葬在这里。从大流士
大帝开始的四位皇帝们则把他们的陵墓设计在半山腰的岩体中。
他们当然都是属于阿契美尼德时期的国王。后来的萨珊国王没
有这么辉煌的十字形墓葬，但是萨珊王朝时期的浮雕却也在帝

王谷占据了抢眼的位置。

从公元226年以来长达四个世纪的萨珊波斯帝国，仍然是伊朗历史上强盛的王朝。在设拉子西南85公里处，是萨珊王朝的菲鲁扎巴德都城遗址，我们也专程前往。强大的萨珊王朝也留下了宏伟的城池，现在遗留的巨大"伊旺"（门廊），是我们衡量这座都城的比例尺。

让我们回到设拉子城市吧（图19）。波斯语文学已经有了超过2500年的历史，举世闻名的波斯诗歌，以菲尔多希、萨

上：哈菲兹陵园的穹顶墓地，设拉子挺拔的青松

下：肖恰劳圣祠外景、中央圣祠的玻璃镶嵌装饰、庭院中信徒的埋葬风俗

图19　设拉子城里的风景

迪、莫拉维、哈菲兹并称为波斯四大诗人。其中，萨迪和哈菲兹的陵墓就在设拉子，设拉子因此是名副其实的诗歌之都。我们参观了其中的哈菲兹陵墓（Tomb of Hafez）。哈菲兹（1320—1389）生活在相当于中国的元朝时代，是蒙古人统治伊朗的时期。哈菲兹是一个伊斯兰教的词汇，就是熟背《古兰经》的人，因为熟背全部《古兰经》，人们把"哈菲兹"这个称谓送给了他，他原来的名字沙姆斯丁·穆罕默德（Shamsoddin Moham-mad）倒反而没有人提起。他在波斯文学里是非常重要的抒情诗人。他的陵墓是一个以他的名字命名的花园——哈菲齐耶，每

天有很多的人络绎不绝地到那个地方去朝拜，到他的墓前读他的诗，去祈祷各种各样神灵再现，甚至把哈菲兹的诗歌当成算命的卦象来对待。我们在墓园的门口经常可以看到这样的一种人：胳膊上停着个鹦鹉，你说：我要占一卦。他就会示意鹦鹉帮你叼一张卡片，叼到哪一个算哪一个，拿出来以后，这个卡片上的哈菲兹诗，就是你的命运。据说很多世纪以来，这个算命的方法被称作"法尔"而一直那么流行着。哈菲兹是一个悲情诗人，他的诗歌里面总是充满了人生、爱情昙花一现的色彩，很多人拿到这样的诗歌，就会觉得自己的命运不是很好。但是，伊朗人用哈菲兹的诗歌来算命，就像我们中国人用《易经》来算命一样，表现了一种价值取向，是对于文学的一种尊崇。我们看看哈菲兹的诗：

> 假如那设拉子的美女，
> 有朝一日能对我动情。
> 为了那颗美丽的印度痣，
> 我不惜把撒马尔罕与布哈拉奉送。

撒马尔罕和布哈拉都是中亚最有名的城市，诗歌表现的这个意象，就是我们中国经常说的"倾国倾城"之恋，可见哈菲兹表达爱情的方式。

哈菲兹陵墓前的松树，是设拉子城市中的重要树种，在哈菲兹等波斯诗人的作品里，总被用来比喻美女亭亭玉立的身材。我们在设拉子，在整个伊朗，确实也发现伊朗女子多有松树般挺拔、动人的身材。

在埋葬习俗上，伊斯兰化以来，伊朗将许多伊斯兰教的先贤埋葬在某个地方，逐渐的很多信徒也都愿意汇聚到这个地方去埋葬，这就是伊朗各地的圣人祠。在设拉子我们参观了著名的肖恰劳圣祠，是8世纪来到伊朗的赛义德·阿米尔·阿赫默德（Sayyed Mir Ahmad）墓地。圣人墓在这里最中央的大殿里面，大殿内部也是金碧璀璨。而更多的信徒埋在了庭院的地下，只有一块墓碑像铺路石一样平躺在地下。这些墓碑，也是了解伊朗的伊斯兰教文明源远流长的文物材料。

7. 阿巴斯和霍尔木兹（Bandar Abbass & Hormoz Island）——全世界的焦点

我们最后到达的地方就是阿巴斯，2012年1月7日晚上我们到达，而1月4日这里刚刚结束全世界瞩目的军事演习，想象当中可能是一个硝烟弥漫的可怕的地方。可是，我们第二天早上起来一看，太阳照常升起，到处风平浪静。人们在海湾里坐着小船过他们悠闲的日子，在那儿捕鱼等等的，完全不是被妖魔化为面目狰狞、一触即发的战争状态。在这个最引发争议的波斯湾里，通过我们自己的经历，证明了伊朗真的不像我们想象得那么危险（图20）。

上：海峡黎明，出海的小船，阿巴斯港的巴扎（集市）
下：霍尔木兹岛，岛上的矿土画出的地毯，葡萄牙人16世纪留在岛上的堡垒，阿巴斯港的夜市

图20 没有硝烟的霍尔木兹海峡

我们到了距离阿巴斯港口城市的陆地8公里外的小岛霍尔木兹上，霍尔木兹海峡因为这个不起眼的小岛而得名，并且名闻天下。小岛看上去就像阿拉伯半岛的靴子脚踢出来的一个足球，在岛的东边是阿曼湾，西边就是波斯湾。岛上可以看到用当地各种各样的矿物颜料画出来的地毯，可以想见伊朗地下非常丰富的矿产。16世纪是葡萄牙人成为海上丝绸之路霸王的时代，曾经占领过霍尔木兹岛，建立港口，控制了波斯湾的商业贸易。萨法维王朝的阿拔斯大帝夺回了这个地方，同时又把港口搬回到了陆地上，并用自己的名字定名为阿巴斯港（Bandar

Abbas)。

阿巴斯港很像中国的南方，非常炎热。虽然我们是在元旦期间到达那个地方的，但是只要穿衬衣就可以了。我们从德黑兰一路走下来，仿佛就是从冬天走到了夏天，相当于我们从北京往广州走一样。在最北边的加兹温，甚至还遇到了薄薄的白雪。

我以上面这些照片，展现了我们在短短的时间中在伊朗走过的城市、走过的道路。其实，要全面了解伊朗，这样的走马观花是非常肤浅的；而且，伊朗的西北阿塞拜疆地区、东部大块的沙漠地区如呼罗珊、克尔曼、锡斯坦—俾路支斯坦等丝绸之路的重要经行地，我们还全未体验。不过，可以告诉大家的是，我们确实是在一个没有任何战争、没有任何威胁的和平环境中考察伊朗。而那个时候的伊朗，正是被妖魔化最厉害的时期。一个跟英国、跟美国都干起来了的国家，我们怎么办？我们去不去？最后我们去了，我们也平安地回来了，而且在心里面沉甸甸地带回来了一个现实的伊朗。从我民间的眼光来看待伊朗的话，我要讲到第四点，最后的一点——从中国的立场看伊朗。

四、伊朗是我们前世今生的镜子

伊朗是我们前世和今生的镜子，我们通过伊朗是能够看到我们自己的，它促使我们反思自己的国家。我在伊朗的短暂行程中，经常是对某个现象产生感触的时候，我发现出发点总是中国。

1. 我在伊朗看到了 30 多年前的中国

30 多年前，中国改革开放，也就是 1978 年前后。中国改革开放的 30 年使我们的中国变成了一个完全现代化的国家了——至少表面是的。30 多年前中国虽然贫穷，但那个时候的我们充满了自信。那种感觉和今天的伊朗太相像了（图 21）。

当我们今天去伊朗的时候，就发现那里各种各样的设施、设备，差不多跟我们 30 多年前的中国是一样的。大量的楼房建

上：双梁加重型凤凰自行车、机场最好的出租车、并不体面的街景，无一不是30年前中国的状况

中：偏好手工的伊朗民众生活

下：飞机场、会议厅、霓虹灯、街头大幅宣传画……无一不见精神领袖像

图21 伊朗的表象，仿佛30年前的中国

造于30年前，开的汽车也破破烂烂，虽然有石油，但是它受到了制裁，买不到先进的高级的车，除了警察的车是奔驰以外，老百姓坐的车基本上都是国产的很破的车，或者从中国拿去的二手车。这儿的出租车就是最好的了，德黑兰国际机场的出租车，但是我们看不出哪一个是名牌。

还有，现在的伊朗人还在那儿打手工的东西，到处有巴扎卖很多手工制品，他们认为手工的东西还是最好的。30年前我们中国也是这样，而我们现在已经完全放弃这种手工的盘子等东西了。

甚至我们可以在那里看到中国的凤凰自行车，双梁的，那是农村用来驮运货物的工具。可是在我们中国，现在还有谁骑这样的车呢？在中国都看不到这种载重自行车了。我的姐夫当医生，外科主任，30年前经常就骑这么一辆永久牌的载重自行车，他觉得很威风。因为车的质量好、钢火好啊，过了很多年，90年代，他还恋旧，一直骑着这样的老式自行车。有一次就被打扫卫生的人给拖走了，他出来半天找不到车，问车到哪儿去啦，打扫卫生的人说：哦，我还以为是哪个农民骑的车呢，怎

83

么能停到我们单位停车的地方呢？我把它扔了。这一步步的发展，中国这样的自行车干脆连农民也不骑，都换了摩托了。可是在伊朗很多的地方，还在用这样的自行车，你可以看到它确实显得很贫穷。当然这种贫穷实际上也是表面的，这个国家的福利还是做得很好，坐公共汽车、坐地铁、坐火车甚至坐飞机都非常便宜。在伊朗，中产阶级比较多，非常有钱的人和非常穷的人其实比较少。不过我们看伊朗的电影，还不断地去拍一些贫穷的景象来提示中产阶级，要他们注意到国内还有贫穷的人。

类似于 30 多年前中国的景象还有：我们到了伊朗一下飞机，在德黑兰机场去取行李的时候，就看到两张画像挂在大厅，是伊朗已故和现任最高领袖霍梅尼、哈梅内伊。这就让我想起了伟大领袖毛主席，后来还有华国锋。毛主席和华主席的画像在 1978 年的时候还挂在我们的每一家的正堂。更早的时候，还挂着马恩列斯像，挂着朱德、周恩来像。这样的宣传，一下子让我仿佛回到 30 年以前。后来我们就发现这十天当中，这两个领袖跟着我们是如影随形，到哪儿他就跟到哪儿。我们开学术会议，不能挂那个画像，因为要放投影，但在我们的桌前就会有一个小小的瓷盘。甚至会议开始前，专门会安排宗教人士来唱经——《古兰经》，然后开始会议，很像 30 多年前我们需要念语录、出版的书籍前面有整页的"最高指示"。街头也一样，霓虹灯下没有什么灯红酒绿的美女像，全是这两位白胡子的领袖。街上大部分的墙体都画着这个。30 年前中国是不是这样呢？确实是的，中国的许多画家 30 年前的都是靠画毛主席像而闻名。

2. 黑袍下丰富的精神世界

但是，又并不全是 30 年前的中国。在更多的接触和交往之后，表面的宗教专制并不影响我们看到伊朗人民在黑袍下的热情和丰富的精神世界（图22）。

我们第一天进入德黑兰的博物馆的时候，看到这样的景色的时候，我们都觉得好像是在一个幽灵的世界当中。我们不敢接触它，我们不敢跟那个来接待我们的伊朗女士打招呼、说话，因为她戴着头巾，而且穿着黑袍，让你很紧张，确实很紧张，

刚开始，我们对黑袍、头巾充满紧张（上左1、2），随后我们发现，他们充满热情

图22　黑袍下的热情

两天以后我们才缓回来。

　　两天以后博物馆的女士陪同我们到加兹温去，非常热情，但我们还是很谨慎。返回的时候，我们非常感谢她们一天的陪同，不辞辛苦。因此就送了一些中国的茶叶给她们。中国的茶叶一直是很有名的，但现在伊朗其实已经不用中国的茶叶。不过你送给她们来自茶叶故乡的茶叶，她们还是很高兴。送到后来还剩一盒，就说：哪一位最年轻，我们把这盒茶叶送给她。就有一位女士举手说我是最年轻的，我们就把茶叶送给她了。到最后快下车了，大家都说些客气的话，然后就有一个女士站起来说：我希望你们下次再来的时候，一定问哪一个姑娘最漂亮，那时我就会回答：我就是，我就应该得到这盒茶叶，你们为什么只问年轻呢？——这个时候，我们就发现在黑袍底下藏着一颗多么热情、开朗的心！

　　后来我们就发现，她们内心是非常开朗的，并不像她们的黑袍所体现的。无论男女，对于你的礼貌问候，都会热情对答。只要你是善意的，你用相机对着她的时候，她会非常的高兴，朝你微笑。我们的镜头里，出现了很多伊朗人，在看到中国人的时候他们都非常高兴，朝我们热情地挥手。我有时候回忆30年前的中国，不要说遇到外国人要警惕，只要是陌生的中国人，阶级斗争的弦也会让我们绷上一张冷若冰霜的面具。

　　热情之外，我觉得跟中国的30多年前不一样的地方就是具有丰富的精神世界，因而充满自信。充满自信这一点在30多年前的中国还是有的，当时的我们在某种盲目自大的宣传下什么

典籍与文化 8

85

都不怕，美国算什么？"帝国主义和一切反动派都是纸老虎"
（All the reactionaries are the Papertiger），今天我们已经不喊这个
口号了。伊朗人不喊，可是他们做的就是这样，所以说他们是
充满了自信。虽然头巾包着的女子只露出一张脸，但是脸上都
是洋溢着非常自信的精神面貌。这个黑袍，是因为受到伊斯兰
教国教的影响，在政府的要求下所有的女子都必须这样。同行
的叶老师是伊朗问题专家，他告诉我一个伊朗政府的解释，那
是告诫女子暴露得太多的话，会引起非常多的不方便，为了保
护我们的姐妹，除非在自己家的私人场合，女子应该把自己包
裹好。后来我在很多的地方确实看到提示女子着装的类似标语，
这在中国是不能想象的。可是这是一种国策，入乡随俗。它也
并没有损害伊朗人美的追求和心理健康（图23）。

上：我们的导游瓦希德，哈菲兹陵墓的凭吊者，阿巴斯港的导游
中：细密画家及其作品，艺术学院的师生
下：青金石色彩的艺术品
图23 传统伊朗文明造成的优雅

　　自信的表现也写在男子的脸上。我们前期的导游瓦希德，
一个非常敬业的导游，关于伊朗的知识非常专业。每当我们问
到什么问题的时候，他都要蹲下身子来用膝盖顶着在纸上写下

一个内容，然后拿给你看，上面是一张示意地图或建筑类型等等。他是一个库尔德人，在伊朗有很多的少数民族，阿塞拜疆人、库尔德人、亚美尼亚人等等，可是我们在这里面没有看到任何的民族隔阂。他的亲人有很多在两伊战争中牺牲了，但是他对伊朗的热爱和自信不亚于其他任何伊朗人。我们在最后一站的阿巴斯的女导游，总是得体地拉着我们跟她照相，显示出非常的热情。在那里，我们可以看到人的精神面貌在各方面都是充满了阳光的。

这种自信、阳光的背后是丰富的精神世界在支撑。在哈菲兹陵墓，我们看到了这样一位去凭吊诗人的女子，她在打电话，她也披着一个头巾，把自己包裹在一个安全的服饰中，可是可以看出她所有的装饰都是非常精心的，并不改变她自己对美的一种追求。她的手里还拿着一朵玫瑰花，这种优雅、讲究，是一个国家的精神世界所决定的。我们后来说，《伊朗归来话伊朗》这个讲座最后如果出一本书的话，这一张应该做封面，让我们看到一个美丽的、健康的、充满丰富的精神世界的伊朗。

伊朗丰富的精神世界，有着对其传统文化的继承，从我们在路边看到的艺术家那里也可以获得这种感受。比如艺术学院的师生，在伊斯法罕修补阿里·卡普宫殿大门的壁画。阿里·卡普是一个画伊朗画的画家。伊朗有一种画，据说也受到过中国画的影响，在世界艺术史上也是一个独特的品种，叫细密画。他画在象牙上的、很多骨片上的细密画，你用放大镜可以看到当中精妙的地方。伊朗的历史上创造了很多精美绝伦的艺术品，在现代社会中似乎并没有失传。像一种工艺品上的蓝色，今天在中国也是非常时尚的颜色。它是由一种叫青金石的石头提炼出来的。这种青金石，以及提炼绿色颜料的绿松石，在中国没有，只有在葱岭以西、阿富汗以西有这样的矿物质。中国的新疆在库车等地留下了大量用青金石、绿松石画的早期龟兹壁画。650 年以后伊斯兰教东征，佛教绘画就得不到来自阿富汗以西的伊斯兰教地区的这种颜料。到了唐代以后，中国敦煌以东的佛教壁画就没有这种蓝的颜色。所以，今天的伊朗确实还是一个非常有艺术底蕴的国度。

我现在还能够想起来，我接触到的第一个伊朗人是 2006 年在英国剑桥，一个周末班的《圣经》英文课程上。9 月里的一个上午，老师说一位叫 Fatemeh 的伊朗女生做了一个 ppt，要来给我们介绍伊朗。她也戴着黑头巾，但大大方方，带来了伊朗的特色零食 Gaz 让我们品尝。15 分钟的时间，给我们演示伊朗的文明。讲完之后，由大家提问，我问了她伊朗的琐罗亚斯德教（Zoroastrianism）和摩尼教（Manicheism）的事，因为这两种宗教都在中古时代影响过中国。她告诉我自己并不是很了解，只知道这是伊朗古代的宗教，现在都没有了。后来我在去过伊朗之后想起这件事，请教王一丹教授，承她告诉我：那个女孩的名字 Fatemeh，今天一般译作法蒂玛，伊朗的很多女孩都叫这个名字；而 Gaz 就是我们在伊朗常吃到的白色的糖果，我们把它叫做"牛轧糖"，伊斯法罕的最有名，记得在那里的世界之画广场，我们每人都买了几盒。联系现在我要讲的这个精神面貌，我觉得我在剑桥所见的伊朗女生，确实是一个伊朗人的代表：即使在西方世界里，也不卑不亢、义不容辞地承担起宣扬伊朗文明的责任，透露着对自己祖国的自豪感。

如果从公元前 550 年算起的话，文明古国伊朗也已经有了 2500 多年的历史。在今天，从伊朗的社会生活中，可以感受到它的民众承担起了继承先辈传统而充满自信地走在现代文明冲突依旧的世界上。我们中国，号称 5000 年文明，关于文明与现代化的冲突话题成为许多人愤世嫉俗的借口。看看伊朗，我们确实有很多值得借鉴地方，也有许多值得深思的中国未来问题。

3. 从伊朗电影里感受伊朗

讲到伊朗人丰富的精神状态，确实还是与 30 多年前的中国迥然不同的。改革开放之前，我们中国人 10 年当中只看了 8 部样板戏。伊朗今天虽然也被我比喻成是 30 多年前的中国，有闭关自守的嫌疑，可是它的精神状态非常丰富。这一点可以用现在流行的伊朗电影来说说，在伊朗考察的前后，我看了很多的伊朗题材电影，希望通过这个视觉艺术更多地了解伊朗。

伊朗今天的电影是可以和好莱坞电影媲美的一个特殊品种（图24），它征服了很多人，包括在今天的中国，我们的盗版片市场也开始盗版伊朗电影。什么原因？因为伊朗电影好看，它有收视率。

我举一个 1997 年的片子《小鞋子》来说。哥哥阿里帮妹妹

上左1、2：《小鞋子》；上左3、4，《一次别离》海报
中左1：《橄榄树下的情人》
中左2：《佛在耻辱中倒下》；下：部分伊朗优秀电影海报
中左3：《一次别离》获2011柏林电影节奖
下：部分伊朗优秀电影海报

图24 从伊朗电影里感受伊朗

萨拉去补鞋子，回来买菜的时候把鞋子给忘了。鞋子实在太破了，补了也一样，收垃圾的人经过菜场，就当垃圾拿走了。因为家里太穷了，一双鞋都买不起。好在伊朗是男女分校，这个分校跟我们见到的西方男女分校还不一样，伊朗是上午女生上学，下午在同样的地方就是男生上学。哥哥就想到了一个办法，每天早上妹妹穿他的鞋去上学，下课后就跑回来，哥哥再穿上鞋走。妹妹虽然很不高兴，但也没办法，要不然被父亲发现了，肯定要骂。我们感觉伊朗男人的脾气都比较坏，这与最近的伊朗电影都是反映了一些贫穷家庭有关。在这部电影里面就塑造了一个因为贫穷而坏脾气的父亲。将近一个学期就这么一双鞋，

兄妹两个人换着穿。

电影拍得非常细腻，有时候妹妹被老师留了一下，哥哥就在那个巷口望。妹妹只要一放学，就啪嗒啪嗒穿着大鞋子跑，有时候跑着跑着，鞋太大，一下掉到水渠里面了。哥哥换了鞋也跑，有时候还是免不了迟到。所以电影中就见两个人不断地在跑，跑步上学。有一天妹妹做早操的时候发现有一个同学穿的就是她那双破鞋子，就叫上她的哥哥一起跟踪这个女孩子回家，但是一会儿这个女孩子把门打开，陪着她失明的父亲出去摆摊去了。这双即将要讨回来的鞋，发现是穿在一个比他们家还穷的人家的孩子脚上，不管这双鞋是怎么得到的，你都不忍心再要回来。全部电影就那么点儿小事，却是跌宕起伏。

最后，时来运转的机会出现了，这个男孩看到了学校的公告，学校要举行跑步比赛，第三名可以得到一双鞋子，哥哥赶紧报名，却又错过了报名时间，又跟老师哭诉，向老师保证跑第一名，而被老师批准。那一天他就拼命地往前跑，可能家里面营养也不好，跑得很累很累。一张在韩国的这部电影的招贴画，就是这个孩子拼命地往前跑的画面，满头都是汗。在跑不过人家的时候，画外音响起，是他的妹妹得到鞋的喜悦，是他平时与妹妹轮流换鞋奔跑的催促，这一切激励他拼命往前跑，他终于得了第一名！老师万分高兴的时候，他却非常失望，因为第一名得的是一支钢笔，而不是一双鞋子。这个电影讲了一个穷人家的故事，看后很心酸。

现在的中国好像没有这样的情况了，中国人基本上不缺鞋了。可是30多年前的中国，确实还是如此，孩子生得多，一件军装要从老大一直穿到老四、老五，就是这样一个"传帮带"，所以我看这个电影，就很像我童年时代的中国。电影表现小孩子之间情谊非常细腻，虽然贫穷，可是美好的人情一点都不缺。体谅父母，而父母也对自己的孩子非常热爱，可是因为贫穷，而在物质方面无可奈何，与我们童年的时光是如此地相似。这部电影还有一个名称是《天堂的孩子》（*The Children of Heaven*；*Bacheha-Ye aseman*），确实从精神的角度来说，真是天堂。我们今天中国已经走过30多年了，我们已经忘记了我们没有鞋子穿的时候了，但是这种患难岁月的美好人情还是应该留住的。看这样的电影真的是给你很多启发，比美国的大片更有认识意义。

在去年还有一部电影叫《纳德和西敏：一次别离》（*A Separation*），得了第 61 届柏林电影节的金熊奖，演员也得到了最佳男演员和最佳女演员的银熊奖。今年这部电影进军好莱坞，在我们从伊朗回来之后不久的北京时间 1 月 16 日，在第 69 届美国电影电视金球奖颁奖典礼上，获得了最佳外语片奖；2 月 27 日，又拿下第 84 届奥斯卡最佳外语片奖的殊荣，中国的《金陵十三钗》角逐落榜。我们从这里边就可以看到中国影片和伊朗电影的一个差别，《一次别离》这个片子根本没有什么宏大叙事，拍摄的造价也非常低。这个电影一定要去看。它讲的是非常小的身边琐事。

纳德和西敏是夫妇俩，妻子觉得国内教育不好，一定要让自己的女儿出国留学，因此希望能够移民到西方国家去。跟中国很像吧？但是丈夫纳德不愿意去，为什么呢，因为老父亲还健在，老父亲得了老年痴呆症。这跟中国也很像吧？中国现在也进入老龄化社会，年纪大的人越来越多，父母只好去住敬老院。但是这部电影让你看到伊朗这个国家，父母必须要跟自己的孩子在一起住——很多地方你可以看到中国的过去。纳德不愿意出国，只好离婚，但是法院驳回离婚的申请，西敏赌气住回娘家。在这个过程中，雇了一个保姆瑞茨。瑞茨的丈夫做鞋失业了，家里没有了生活保障，她已经有四个月的身孕了，但是瞒着所有人到纳德家去当保姆，因为穿着黑袍，纳德也看不出来保姆是怀孕了的。因为住得远，还带着个女儿，瑞茨一天的干活过程非常辛苦。当中还出现过一个事故，就是老父亲痴呆之前大概每天都要买报，只要家里的门不关，他就跑到街上去买报纸。有一次这门没关好，结果他就跑掉了，然后瑞茨就出去找。伊朗德黑兰的街头车水马龙，比北京街头的车不知道要多多少。结果瑞茨在把痴呆的老父亲带回家的路上自己被车撞了，怀孕的小孩就死在肚子里面。第二天她仍然来上班，发现自己身体不舒服，就要到医院去看。可是又担心这个老父亲跑出去，只好把他绑在床上。等到她看病回来的时候，纳德已经回来了。儿子回来看到父亲被绑在床架上，人已经摔倒在地上。当保姆回来的时候，不由分说，就把保姆辞退了。瑞茨也觉得很冤枉，出来的时候要求把当天的工钱给她。一番争执，最后是纳德把瑞茨推了一把。瑞茨回家，当天晚上流产，于是就将责任算到了纳德身上，开始打官司。故事就是在这个过程当中展开，围绕着两个家庭的亲戚、教师等等，每一个人都为了自己的利益而修正真相，从而发生了巨大的冲突。最后，纳德表示愿意赔付瑞茨的一切损失，于是这两家人家就坐到了一起，像生活中的伊朗人一样，坐在地毯上开始喝茶，准备付钱。纳德说：钱我肯定是付，但是你必须摸着《古兰经》告诉我：是不是我推倒的你使你流产了？在真主的面前瑞茨不应该说假话，她的手没有放到《古兰经》上去。这个赔偿她没有得到。最后纳德和西敏再次到法院离婚，他们的女儿不得不作出选择，父母在等待孩子选择的时候，电影就结束了。

整个故事反映的也是普通民众，在其中强调了很多美好的品德，以及因为人的小小私利而造成这个世界的复杂性。特别是伊朗作为伊斯兰教的国家，宣传伊斯兰教信仰引领民众美德和高尚情操方面，《一次别离》等伊朗电影都做得非常得体。看完这个电影，让你感觉到《古兰经》所带来的震撼人心的力量。男女授受不亲，这个痴呆的老父亲开始小便失禁，保姆瑞茨就遇到了宗教上的障碍：能否帮助陌生的男子换衣服？于是她要

请教自己的宗教顾问。在这种细小的地方，这个电影充满了张力，让我们通过这个片子也对伊斯兰教宣传正直、善良方面有深刻的理解。瑞茨在得到了宗教顾问的教诲以后，去帮这个老父亲去换裤子。电影的最后，也通过她的手没有放到《古兰经》上面去，让我们看到宗教对于人的道德情操的培养所具有的威信。《纳德和西敏》在网上好评如潮，很多人说看完这个电影以后非常难受，是从来没有过的一种看电影的感受。影片中没有一个坏人，但每一个人都有一点小小的自私，而在关键的时刻他们又表现出人性的善良与诚实。所以，我们的《金陵十三钗》没有评上最佳外国语片奖，我也感到很遗憾，但是即使让我当评委的话，我也会投票给《一次别离》。人世间没有完美的人，但是总有追求完美的人，《一次别离》展现的就是伊朗人这种追求完美、恪守道德底线的心理。

伊朗拍过很多非常好的电影。我们有时候不明真相，对伊朗的国家现实说三道四，说伊朗国内受到伊斯兰宗教的制约，国外受到经济的制裁，它的电影不敢表现宏大叙事等等。确实的，我们看今天伊朗的电影，1979 年革命以后，他们的电影从

来没有看到对两伊战争的宣传，两伊战争他们是胜利了的，但电影从不展示战争血腥、残酷的场面。回归伊朗文化的传统，叙述民间百姓的美好人情，是伊朗当代电影主旋律。中国的电影曾经参加过伊朗的电影节奖，得奖的片子也是跟伊朗所宣传的这种主旋律相关的。中国在 2001 年有一个片子得奖，章子怡成为了伊朗人民心目中的中国巨星，那是张艺谋的一部《我的父亲母亲》。后来的伊朗电影节也一直非常看好张艺谋。但是 2003 年张艺谋提交了他的一部电影，结果被伊朗拒之门外，这是一个在西方也非常哄抢的电影《英雄》。但是伊朗人拒绝了，他们对打斗、纷争的宣扬没有兴趣。

伊朗的女导演汉娜·玛克玛尔巴夫在 2007 年还拍了《佛在耻辱中倒下》，讲阿富汗巴米扬大佛被恐怖分子炸毁，很多的小孩就模仿塔利班的这个情景玩游戏。6 岁的女孩子要念书、要回家，在男孩子们恶毒的战争游戏中，她必须扮演大佛的角色，倒下之后才能达到目的。当这个女孩子被迫倒下的时候，背后那个巴米扬大佛也倒下了。对于恐怖分子以宗教信仰为借口的偏执、残酷，给予了意味深长的鞭挞。我们可以看到伊朗电影关心的，还是人类的和平共处，对不同文明的尊重，而不是战争。

据说伊朗在革命后 18 年中，拍摄了 764 部电影，超出了革命前 50 年的总和，在国际范围内的获奖也达到 270 多项。我们看看电影海报，就知道伊朗电影的魅力。说起来，它所受到的制约——伊斯兰教的教规、美女演员摆脱不了的"恰吐拉"（黑袍、头巾）、男女授受不亲等等，对于以视觉形象诉诸观众的艺术来说，真是带着镣铐在跳舞。但是它得到了重生。伊朗电影在挖掘人性方面给我们做出了很好的示范，它展示了今天的伊朗人民所具备的文化品德，以及他们的追求。当我们去不了伊朗的时候，我们可以看看伊朗电影，它非常贴近今天伊朗的社会。我们会发现它和好莱坞的电影是不一样的，好莱坞的恐怖片其实是从某些意识上面增长了整个世界的血腥和暴力，包括 9·11 事件，美国是要对它的电影主旋律负责的。我们中国的电影人，也确实不要老在行政制约方面寻找中国电影不景气的借口，在这方面，难道我们比伊朗更差？

4. 中国在伊朗的影响在衰落

我前面一直在强调，在丝绸之路上，中国和伊朗之间一直是非常亲密的邻居。但是我这次到伊朗去，却也有一种深深的感受，就是觉得我们中国人在主动地遗弃伊朗。受到美国的影响，或者受到我们中国人自己的世界观影响。我们发现，中国不由自主地丧失着在伊朗的影响，虽然伊朗对中国人非常的友好。

据说十年前，看到一个东方的面孔，伊朗人会问你是不是中国人。伊朗语称中国人为 Chin，大概是从秦朝开始就跟中国人接触了，他们不说什么 Chinese，而说 Chin，Chinese 这个英文词实际上也是从 Chin 慢慢地变化过去的。你是 Chin（秦）吗？你是 Chinese（秦尼斯）吗？你是中国人吗？十年前伊朗人是这样发问的。

法国有一部非常有名的伊朗题材动画电影，叫做《我在伊朗长大》（Persepolis），这个电影在伊朗被禁了。电影由法国的伊朗裔插画作家玛嘉·莎塔碧（Marjane Satrapi）的自传漫画改编，叙述伊斯兰革命前后她在伊朗成长的经历。通过这部电影，我觉得可以部分了解到伊朗在 1979 年前后的变化。我在这里借这个电影要说的，是其中一个非常有意思的细节，女主角小时候成长中最喜欢的是什么呢——是中国的功夫电影（图 25）。在电影里面，她不断地在偷看李小龙的电影，学李小龙的武打动作。所以在十年以前，东方人到伊朗的话，伊朗人问"你是中国人吗？"似乎一点也不夸张。

可是现在不行了。我们这次去，很多人见到我们，上来就问："你是高丽人吗？"或者："你是 Japanese 吗？"从这里，我们可以看到一个巨大的变化：韩剧的潮流和日本的动漫不仅仅席卷了西方，连伊朗高原也没有幸免。我们中国到哪儿去了？中国退缩了、放弃了自己在丝绸之路上的影响。

我在伊朗的一个街头寻找中国，最后真被我寻找到了一本中国的书。我看到一本红色的书，中间有我们熟悉的五角星。我请我们的叶奕良老师给我讲解这是一本什么书。他说：这就是《西行漫记》！（图 26）我们应该都记得吧？美国作家埃德加·斯诺（Edgar Snow，1905—1972）描写陕北红军的名著，或

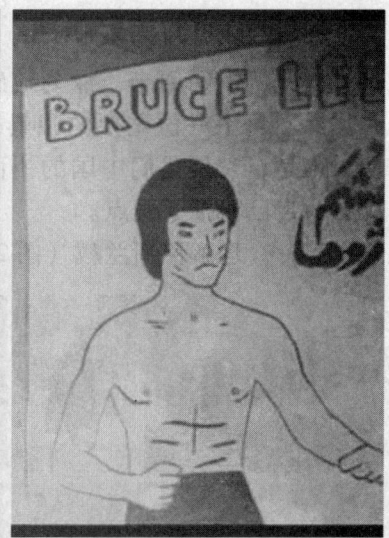

图25 《我在伊朗长大》的女主角崇拜李小龙

者直译为《红星照耀中国》（*Red Star Over China*）。但是这本书是1937年出版的，是在那个时代的中国西北。我们可以看到，伊朗人确实是希望了解中国，他们也在翻译中国的书。但是翻译的是将近大半个世纪以前的中国，是美国人写的中国。我们今天的中国在伊朗是缺席了的。

图26 《西行漫记》是我在伊朗看到的唯一中国读物

5. 我们如何面对伊朗

当我从伊朗回来，深刻地感到，对于我们中国来说，伊朗是世界文化中一份重要的独具一格的遗产，昨天、今天，甚至明天也是；它是我们中国的一面镜子。我们应该如何面对伊朗呢？我自己概括了两点。

第一，理解伊斯兰教（图27）。

左上：充满悲情主义的什叶派使伊朗街头到处看到黑旗

中上、右上、右下：什叶派和逊尼派在伊朗的民众生活中并非水火不容

中下：椰枣在古代引进中国的时候，被称为波斯枣；20世纪60年代，我们又称它为伊拉克蜜枣

左下：开心果是伊朗原产，古代引进中国时被称作阿月浑子；后来我们再见到时，称作美国花生

图27　理解伊斯兰教

据统计，截至2009年底，全世界约68亿人口中，穆斯林总人数是15.7亿，分布在204个国家和地区，占全世界的23%。到现在，穆斯林总人数大约是16亿多。在中国，也有很多的地方、很多的民族是崇信伊斯兰教的。就中国的大体而言，是一个无神论的国家，但是宗教作为一种信仰而存在，在培养人类的心智方面，还并不是像我们所说的"宗教是麻醉人民的鸦片"。通过伊朗的伊斯兰教政治行为和现实社会的秩序来看，伊斯兰教在提升人们的道德水准、安定人们的浮躁心态、建设文化方面，还是与时俱进地努力着。

我们从哈菲兹的诗里面其实可以得到启示：即使是一个熟背《古兰经》的人，也并不是狂热的宗教极端分子。哈菲兹的《我已知道如此之多》写到：

> 我已知道如此之多，
> 我无法再把自己称作
> 一个基督徒、印度教徒、穆斯林、
> 佛教徒或犹太教徒。

他的诗歌告诉我们，这个世界上其实没有任何一个人会仅仅执著于他的宗教而排斥任何先进的文化素养。任何一个在今天仍有生命力的宗教，实际上也都在不断吸收其他文明所带来的有用的营养。我们不能一概而论地去看待宗教所具有的极端性。哈菲兹在伊朗的备受爱戴，也说明了当代伊朗的伊斯兰教对于其他文明的兼收并蓄。

甚至大家都知道，伊斯兰教早年也被分为四大宗派，以及无数的支派，什叶派是除了逊尼派之外最大的少数派，而伊朗是中东地区唯一由什叶派掌权，且把什叶派尊为国教的国家。什叶派在伊斯兰教里面又被看成是恢复传统伊斯兰教原教旨主义的派别，是一个排斥异端的宗教。当你第一次到伊朗的时候，看到什叶派的悲情主义影响着伊朗大地，为了纪念第三任伊玛目侯赛因罹难的黑旗到处招展，你会感觉到非常恐慌。但是时间长了以后，你会熟悉它，这些标志更多地成为了一种生活习俗。我们可以看到有很多来自阿拉伯的逊尼派的教徒，在这个国家安然无恙地生活着，所以什叶派和逊尼派之间也没有被夸张的那么巨大的矛盾。在北京大学短期访问的德黑兰教授乌苏吉说，他在逊尼派的国家长期访问，也并没有感到隔阂、成见有多少。归根结底，宗教派别其实还是政治的分歧，难道同一宗教之间的差别会超过不同的宗教信仰之间的鸿沟？逊尼派和什叶派之间的最大分歧不过是接班人问题。利用逊尼派和什叶派之间的分歧而发动战争，实际上还是来自美国制约伊斯兰教国家的战略，而不是宗教本身的问题。

而伊斯兰教和其他的宗教之间也未见得是如此格格不入，至少我们在伊朗，就看到过许多的基督教教堂，天主教、新教，乃至东正教的，在伊朗并不是偷偷摸摸的地下信仰。犹太教、拜火教，也都在今天的伊朗可以自由信仰。在伊朗的议会席上，对于这些少数宗教，也还保留着百分之几的席位。伊朗这个伊

典籍与文化 8

斯兰教国家是力求使得已有原本宗教信仰的人可以在这个地方和平共处，它追求的是一种爱国主义的伊朗精神。

第二，改变崇洋单线。

我们如何对待伊朗呢？伊朗确实是一个完全不同于中国的国家，同样也是一个完全不同于西方文明的国家，这就是独特的伊朗文明。中国在 30 年前因为闭关锁国了很久，一旦国门开放，就拼命地崇洋，这本来没有什么坏处。我们的中学课本里曾经选了鲁迅的《拿来主义》做教材，就是在弘扬中国文明的善于学习和包容一切的精神。所有的文明我们都要拿来成为中国文明的可以借鉴的他山之石。中国文化在整个的历史过程当中一直践行这种包容性、开放性。譬如我们现在有很多人在念阿弥陀佛，但有没有人想过这个佛教不是中国本土的宗教，而我们现在接受了它。

针对过分的崇洋行为，我们提出过"崇洋不要媚外"的说法，提醒大家不要丢失了中国的本性。

而我现在通过伊朗之行要提醒的是：我们要改变单线的崇洋。就是说不要将这个崇尚的洋只认定为美国。我们在改革开放以后，举目四望世界上最强大的帝国，当然是美国了，因此纷纷效仿，以为是取法乎上。这在开放的初期也不为过。可是现在不同了，当我们的眼界提升了之后，我们要看到，强大的外表不是唯一的衡量器。伊朗让我们看到了世界文化的多元性，从伊朗我们要学会尊重文化的多元性。我们要放眼世界，看到有许多的文明，值得我们去尊崇和效仿，从而建立起自己的与时俱进的文化品格。

结　语

我应该结束这个短暂的伊朗访问却发挥出如此漫长的演讲了。

关于伊朗，在我没有去的时候，知道这个地方盛产一种椰枣，椰枣在我们上世纪 60 年代的中国，曾经运过来很多，叫做伊拉克蜜枣。那个时代中国闹饥荒，没饭吃，然后大量伊拉克蜜枣运进来了。可当时的卫生条件、营养供给不好，很多人得了肝炎，以为是吃了不干净的椰枣引起的，因此后来也不再供应，中国人一听说椰枣就害怕。其实这个东西最好的品种是在伊朗，在古代中国引进它的时候，被称为波斯枣。

我们还应该知道，伊朗这个地方出产最有名的东西叫开心果。开心果在中国很早的时候就引进了，叫做阿月浑子。改革开放后，我们再次吃到的这个开心果来自美国，有美国花生的叫法。其实不知道美国的开心果的物种也来自伊朗。可是这个盛产开心果的国家，今天却如此地被西方文明所制裁，让我感到担忧。

我的担忧是来自于我对中国的担忧，而不完全是因为伊朗。当伊朗这个大旗倒下的时候，美国就是我们的邻国，而没有隔着什么太平洋、大西洋，我们不能相信这种地理的遥远性。西方文明在这样的时代，完全忽视了尊重这个世界上文明的多元性。也许我的这个表述非常不合常理，或者说有针对美国的嫌疑。但不要紧，我只表达了我个人的关于伊朗的民间视野。欢迎批评。

我今天就给大家汇报这些内容，谢谢大家。

典籍与文化 8

段 晴

波斯帝国的历史传说

　　段晴　北京大学外国语学院南亚系教授。曾师从著名教授季羡林、蒋忠新学习梵语以及印度历史文化，1982 年获得硕士学位，同年 11 月赴德国留学，师从国际著名伊朗学教授 Ronald. E. Emmerick 攻读博士学位，1986 年 12 月通过博士考试，获得德国汉堡大学博士学位。1987 年回到北大任教。主要承担的课程：基础梵语、印度传统梵语文法、中古伊朗语言、梵汉佛经对比研究、中亚古代语言。已经完成并正在承担的项目：于阗佛教古卷（国家社科基金一般自选项目）；教育部人文社科重点研究基地重大项目："丝绸之路的文学与文化——新出于阗语及梵语文献研究"，2012 年度国家社科基金重大项目"新疆丝路南道所遗存非汉语文书释读与研究"。

　　主要译、著有《波你尼语法入门》（北京大学出版社 2001 年）、《汉译巴利三藏·长部》（上海中西书局 2012）、《中国国家图书馆藏西域文书——梵文、佉卢文卷》（上海中西书局 2013 年）等。

大家好。今天给大家讲座的题目是"波斯帝国的历史传说"。我平日是教死语言的教师，学生很少，很少有机会给这么大规模的听众讲课。今天猛然来给大家讲座，还有点紧张。另外，这个题目也比较生，虽然我早年是中古伊朗专业毕业，拿的博士学位是中古伊朗领域的，话说也是很久以前了，是1986年的事，所以，如果今天讲座有什么不妥当的地方，请大家谅解。今天就跟大家聊一聊波斯帝国的历史传说。

　　要讲起来，这个题目实际上可讲的东西非常多，虽然对伊朗古代的历史、波斯古代的历史材料从总体上看，并没有那么丰富，但是可讲的还是相当的多，相当的丰富。为了这两个小时的讲座，我准备了大概60多幅的幻灯片。在这样材料丰富的情况下，不可能给大家泛泛地都说到，所以我想集中一个主要的概念，主要的中心，这个中心就是说古波斯帝国的政治理念。古波斯帝国是人类历史上第一大帝国，第一个真正意义上的世界帝国，存在了200多年。这200多年，是公元前550年到前330年，虽然跟我们现代生活好像距离非常遥远，我们可以忽视它，我们可以觉得好像跟我们柴米油盐没有任何关系，但是作为一个第一大帝国的影响，对世界的影响，我认为可以说是存在了很长时间，至少存在了上千年，到公元后的1000年，依然可以见到它的影响。所以我想以帝国的观念为主体，来给大家做一些介绍。

　　首先我想讲一些基本的概念。再讲波斯帝国，围绕波斯帝国的建立讲点故事，主要的中心是帝国政治理念。基本的概念方面，我想跟大家讲一讲什么叫伊朗。现在的伊朗，是一个政治概念。从政治概念而言，伊朗是所谓伊朗伊斯兰共和国，是一个政教合一的主权国家。

　　还有就是语言方面、文化方面的定义，这就比较广泛。大家都知道有印欧语系，实际上印欧语系这个概念的产生才是19世纪中期的事情，现在是家喻户晓，谁都知道世界上有印欧语系的存在。印欧语系，又分了东支和西支（图1）。东支，是以一个梵文的"百"字命名，śatam。那么西支呢，也是以"百"字，以拉丁语的 cantum 命名。属于 cantum 系列的就是西支，属于 śatam 系列的就是东支，什么意思呢？比如在座的大家都学过英文、德文，大概还有学过俄文的，我不知道有没有学过波斯文的。大家都知道英文 hundred，这个是属于西支的系列。比如说，学过波斯文的都知道，波斯文的一百叫 sat。大概这里头也有学过俄文的，从俄语的"百"字可看出，它属于 śatam 的系列，属于东支。

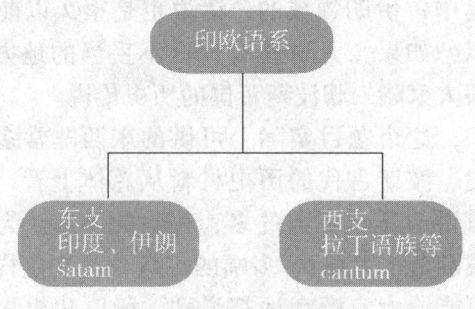

图 1　印欧语系

东支又主要分两大分支，两大脉络，一个就是印度语系列，像梵文、巴利文等等，还有印度西北方言，像我们俗称的犍陀罗语，使用佉卢文字的那个。这是印度的。还有很重要的一支，就是伊朗语支（图2）。伊朗语，又分了东和西，古波斯属于伊朗语的西支，古波斯帝国使用的官方语言之一，就是古波斯语。

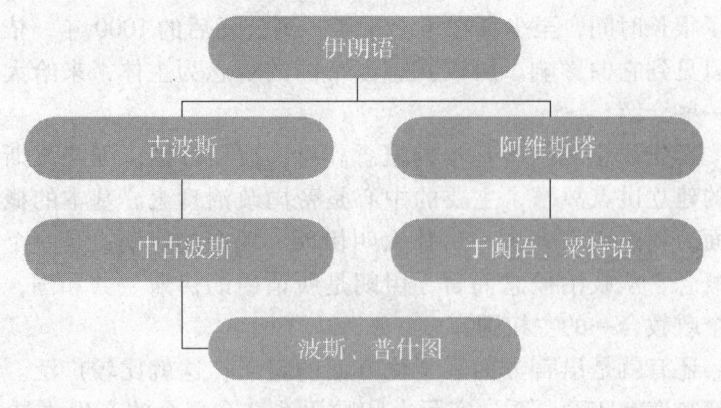

图 2　伊朗语

104

在东边，在现在阿富汗东部这个地域，还有阿维斯塔语。阿维斯塔语后来有书面的东西传下来，它没有公文一样的东西。而古波斯语有大量的公文，有公元前5世纪、公元前6世纪那时候的公文流传下来，所以古波斯语确实是作为官方语言流行过。但是阿维斯塔语没有，没有这样的公文。阿维斯塔这个名字，也不是它的语言的名字，而是我们俗称拜火教文献的名字，琐罗亚斯德教文献的总称叫阿维斯塔。从古波斯又发展出中古波斯，今天的波斯语就是和古波斯一脉相承的。东边又有所谓的塞语，塞语又分为两支，就是于阗语和粟特语。

所以，"伊朗"这个概念实际上在语言和文化意义上是个非常广泛的概念。伊朗，操伊朗语族的人民，实际上在古代和中国的关系是最为直接的。可以说，曾经在伊朗文化圈有过的宗教全部都在中国有痕迹，非常多。大家都知道佛教起源于印度，但是真正把佛教传到中国来的并不是印度人，而是伊朗人。第一个开始佛经传译的人叫安世高，安就是指的安息王朝，安世高，他是最早开始佛经传译的。

典籍与文化 8

还有大家比较熟悉的基督教。基督教传入中国非常的早，最著名的就是西安碑林的《大秦景教流行中国碑》。把基督教带到中国来的也是伊朗人，还有像摩尼教，等等。现在的伊斯兰教就更别说了。总之，从文化的领域，伊朗和中国有最直接的联系。

比如说像"印度"这样的大一统的名词出自古波斯。我们都知道，波斯帝国公元前500多年到前300多年，特别是公元前500多年的时候，印度作为一个统一的国家是不存在的，作为大一统的概念在公元前500多年前也是不存在的。但是在波斯波利斯，即波斯帝国的王城，王城的雕像上就有印度人的形象。

图3　波斯波利斯雕塑上的印度人

105

他们在文献里也提到印度人。实际上印度人这个概念，在印度本土是不存在的。那个时候，是相当于佛在世的年代，印度是分裂的，北方是十六国，印度北方有摩揭陀国、俱卢国等，这都是佛传教的时候一些比较大的国家，我们可以遍查巴利文的文献，在巴利语的三藏之中，没有一次提到印度这个统一的概念。当时的印度人称自己是摩揭陀人，比如佛称自己释迦牟尼，释迦族人。没有所谓"印度"这样统一的概念。那么这个统一的概念是谁赋予的呢？是波斯帝国人。波斯帝国本身特别大，所以波斯帝国习惯设计大一统的观念。他们认为，那边大致就是印度。

印度人是如何表述国家的呢？印度是以民族称国家，习惯以人名的复数作为国家的称呼。比如说释迦牟尼，释迦就是一个族姓，那么怎么称释迦国呢？不是用加一个 sthāna。sthāna 实际上在梵文里有别的意思，当"处"等等来讲，比如我们说《阿毗达摩俱舍论》的一处什么的，那个就是 sthāna。这个 sthāna 在梵文里很少指地域。刚才讲到释迦族，它使用释迦的复

数来表示国家。摩揭陀，摩揭陀国人怎么说呢？正是摩揭陀的复数来表示国家，所以我们在翻译巴利语大藏经的时候，遇到民族名称的复数，便习惯把它翻成某某国。比如末罗人，复数时译作"末罗国"。末罗国是佛的涅槃地。末罗人，实际上是大力士，力士人。这是梵文表达的一个习惯特点，而且这条规则出现在梵文最规整的语法里。所以称国家为 sthāna，不是梵语的习惯。而是伊朗语的流传，是伊朗语的说法。

比如说现在巴基斯坦，某某斯坦，都是伊朗人对国家的习惯称呼。所谓斯坦，正是这个 sthāna。大家都知道"震旦"，这里我还想告诉大家，其实在唐代的时候，中国被称为镇国，镇国的译法是基督教徒的译法。那时候来到了唐朝的所谓聂斯托里派基督教徒，他们对中国的称呼用"震旦"，这是在境外外国人对中国的称呼。中国称自己，比如说在唐代的时候称自己为大唐，晋代称自己是晋人。这在汉译佛教文献中很多，比如有"晋言……""唐言……"的说法。但是在晋、唐之外，在这个疆域之外，外国人泛称中国为中国。基督教的译法，《大秦景教流行中国碑》上有清楚记载，而且有对译，把"大唐"翻译成"镇国"。"镇"大家都会以为是意译词。其实"镇"不是一个

意译词，而是音译的，对 Cīna 的音译。而"国"才是意译的，译 sthāna 为"国"，所以翻译成镇国。那时候的基督教的首领叫做镇国大法主。还有一些例子，实际上是受伊朗称呼的影响，比如说太平公主，叫镇国太平公主。什么叫镇国太平公主？就是中国太平公主。"镇国"就是现在所谓 Chinese、China。而"镇国"、"震旦"等，这样的异域人对中国的称呼，就起源于伊朗。这里的"伊朗"，不是我说的狭隘意义上的伊朗，而是泛指伊朗。

简单说一下波斯帝国。这个波斯帝国，当然是人类历史上第一大帝国，它是公元前 550 年居鲁士创建，到了公元前 330 年，大流士三世的时候，毁于亚历山大的战火。公元前 330 年，波斯帝国的末代皇帝大流士三世，在逃亡路上被他的亲信杀死。后来亚历山大还是把他安葬在了帝王谷。以这一年为标志，波斯帝国结束。大致如此。

那么，我们从哪些资料来恢复出了波斯帝国的历史呢？先告诉大家一些最基本的资料。如果有感兴趣的，可以继续追踪。原始资料的来源，即帮助恢复波斯历史的原始资料，主要是靠希腊人的记述。实际上在公元前 6 到前 3 世纪，希腊人的生活是和波斯帝国息息相关的，记载波斯帝国历史的，是希腊人。大家都知道第一个撰写历史的人叫希罗多德，他是个希腊人。而他写的这一部《历史》，实际上讲的是波斯史。这部书大量的篇幅讲的都是波希战争。公元前 480 年，大流士的儿子薛西斯对希腊开战，雅典和斯巴达联合起来成功地抵御了波斯，从此波斯帝国撤退，与希腊相安无事。《历史》主要是记载这么一次大战，之前当然也记载了整个波斯帝国，写下了他听到的传说。所以希罗多德的《历史》实际上是一部波斯帝国的历史。

还有很有名的，就是叫做泰西亚的人。这个人实际上是原来波斯帝国的一个御医，是亚达薛西斯二世（公元前 405—前 359 年在位）的御医。泰西亚生活在公元前 4 到前 3 世纪。据说亚达薛西斯的母亲非常信任他。据说他写下的著作非常丰富，写了二十三卷的波斯历史，而且第一次记载了印度，但是他的著作很遗憾都没有传下来。后来到了罗马帝国的时代，那时候的人还能见到泰西亚写的著作，所以泰西亚的著作就在罗马时代的著作中保留下了一些。

还有就是罗马帝国时代的著作。有一本叫《亚历山大远征记》，这本书很好看。希罗多德只记述了波斯帝国的辉煌，只记述到了薛西斯的时代，也就是大流士的儿子的时代，没有再往下写。而罗马帝国的作者，写了波斯帝国的灭亡。据说亚历山大东征的时候，带了很多写手，但是那些写手的作品都没有传下来，唯独一个叫做 Arrian 的人，他写的《亚历山大远征记》流传下来。以上是说，波斯帝国的历史首先是靠原始资料恢复起来，靠希腊人和罗马人的记述。

当然，最重要的证据来自考古发掘。考古发掘主要是集中在三个地方，一个是 Pasargadae，这个地方是居鲁士最早建立的帝国，帝王城；另一支集中在 Susa；再一个呢，就是集中在波斯波利斯。

苏萨（Susa）是历史名城。这个地方原来是埃兰人的地盘，等一会儿我们还要讲到。波斯人实际上原来靠北，后来才逐渐南征。埃兰人联合古波斯人开始攻打巴比伦。那时候在两河流域最强盛的是巴比伦人、亚述帝国。埃兰人总是进攻亚述帝国，联合波斯人要推翻亚述帝国。

在苏萨，好像从 1885 年开始，法国人就一直在那儿发掘，发现了大量很漂亮的东西，比如说像这个矛（图 4）。希罗多德的《历史》里讲到，说波斯人都拿着什么样的枪呢？带着

图 4　苏萨出土的持矛武士像

金苹果的枪，所谓金苹果，就是在枪的末端有一点点像一个圆疙瘩的东西。这些都是在 Susa 发现的，都可以证实历史。法国人现在还一直在挖，持续在苏萨挖。这就是苏萨的王城（图 5）。

主要的考古发掘还是集中在 Pasargadae 这个地方。这是居鲁士建的王都，居鲁士也埋在这里。这就是居鲁士的墓（图 6）。这些宫殿的遗址也是在 Pasargadae。我们那天去晚了，遗址公园

讲座　丛书

图5　苏萨王城遗址

图6　居鲁士墓

关了门，因此没有拍摄到更多的图片。那个地方实际上还有很
多很漂亮的宫殿的遗址，还有柱子，很恢弘的浮雕。这一幅图
（图7）的实地，就是在那个地方发现的，是个火坛。大家都听
说过古波斯信仰拜火教，但是古波斯帝国时代，波斯人没有像

图7　火坛

后来的萨珊波斯人对火那么的崇拜。像萨珊波斯，像阿达希尔，专门为三坛火建立了特别恢弘的宫殿，这个我们这次都见到了。然而在古波斯的时候实际上没那么恢弘，也看不出上面有盖什么的，可能是在举行仪式的时候才用。

图8　Pasargadae 的浮雕

Pasargadae 的浮雕，已经很体现波斯帝国的气息（图8）。人形长翅膀，这个风格在亚述地区、巴比伦地区特别常见。人的头上顶三个冠，即向上竖立的冠。这种风格的冠实际上来自埃及，是典型埃及式的 Atef 冠。服饰却又是埃兰人的。从这个雕像可以品出波斯帝国的气息，它已经融合了各个地方的特色。这样的浮雕表现出一个帝国的理念。

最主要的考古集中在波斯波利斯（图9），开展于19世纪到20世纪，实际上西方人对波斯波利斯的关注始终没有停息过，

图 9　波斯波利斯

总有人在那里挖。只要有人出点钱，考古人员就在那里挖。所以在波斯波利斯的大石头上可以看到很多人留下的刻字，犹如谁谁到此一游之类。但是在这些乱写的字迹中，可以看到 19 世纪的，18 世纪的，路过的人都在那儿留下了他们的痕迹。真正大规模的发掘，是在 1930 年，美国芝加哥的教授主持发掘。还有一个很著名的教授，Schmidt 教授，原是德国人，最早在波斯波利斯开始发掘。他是个犹太人，第二次世界大战的前期，他被大学里面辞退，后来到瑞士，在瑞士任教，后来又跟美国芝加哥的教授一起，在波斯波利斯进行发掘。至今，波斯波利斯的发掘也没有停止，现在主要是伊朗的考古学家在那里进行工作。在伊朗学习考古、历史、艺术的学生，必须要在那里住一段时间。我忘记了当时导游是怎样介绍的，要停留多长时间以上才可以毕业，我这里是取了一个折中的、最小的数字，三个月。实际上学考古的学生好像是要在那停留半年，参加考古研究工作，然后才可以毕业。

　　刚才我们说，靠什么来恢复波斯帝国的历史，主要是希腊人的记述，还有考古发现。另外还有很大的一部分资料，就是公文。通过考古，发现了很大一部分公文。从波斯波利斯出土

111

了大量的公文。有的用两种文字记载，一种是埃兰语，一种是古波斯语，还有第三种文字，即新巴比伦语。这些语言使用楔形文字。公文的内容多是账务，记载给了谁多少钱。当年有两千多个工匠在这里工作，建造庞大的帝国宫殿，这些公文记载了所需白银的支出。像这样的公文在波斯波利斯有大量发现。

巴比伦也发现了大量的公文，苏萨也发现了大量的公文，这些公文帮助恢复出波斯帝国的历史。除此之外还有一些原始资料，其实是大家都很熟悉的一些原始资料。在《旧约》中有一部叫做《以斯拉记》，其中提到"波斯王古列元年"，所谓"古列"就是居鲁士。《以斯拉记》记载，说居鲁士已经是万国之帝，说他支持犹太人在耶路撒冷建立信仰耶和华的庙宇。这在《以斯拉记》里头都有。《尼希米记》也提到波斯帝国，已经讲到了亚达薛西斯二世。古波斯帝国的帝王，有些是犹太教的支持者。这些是恢复波斯帝国历史的很重要的原始文献。

下面我想给大家讲一下波斯帝国发展的历史。最早在两河流域以及现在伊朗的这个地方，出现的是米底人。伊朗语分很多的伊朗语族，伊朗语族人分很多的部族，其中最强盛的一个部族那时候是米底人。米底人实际上是在现在伊朗的靠北的地域，在里海周边，中心在现在的哈马丹。米底人也建立过一个非常辉煌的都城，但是没有办法发掘，因为它整个王朝处于现在哈马丹这个城市下面，所以没有办法把它发掘出来，它的状况不得而知。实际上米底人很看不上波斯族人。在整个操伊朗语的族群中，波斯人不是那么贵气的。后来波斯族就一直往南走，波斯人有一个趋向海洋的倾向。再往远说，萨珊波斯的创始人阿尔达希尔，也是一直往海边奔。他们有一个一直往海边奔的这么一种情结。

离波斯波利斯 50 公里的地方还有一个非常重要的城市叫安山，那个地方原来也是埃兰人的地盘。埃兰民族后来消亡了，它的语言也消亡了，但是有大量的楔形文字保存下来，一会儿我们还要讲到。埃兰语不是印欧语系的语言，到现在为止还有许多没有破解的问题。

巴比伦的文献中有大量有关埃兰人的记载。埃兰人老是向亚述帝国挑衅，老是到那儿去打，因为巴比伦人富有，埃兰人总是过去抢人家的财宝。后来埃兰人大概允诺了波斯的族长，两拨人一块儿合打亚述，分它的财产，然后被安置在安山这个地方，所以波斯人后来就驻留在苏萨、安山这一带。大量的波斯人盘踞下来。波斯帝国的缔造者是居鲁士，居鲁士这个名字据说是埃兰语，它是太阳的意思，所以他死后他的儿子用马匹来祭祀他。为什么呢？因为大家都知道太阳神的形象是驾驶战车，战车是马来拉，而居鲁士大概是埃兰语的太阳的意思，所以祭祀他也都用马匹来祭祀。波斯帝国扩张得很厉害，30 年之内就扩张到了非常庞大的一个版图，包括了埃及、爱琴海，以至到达中亚，成为真正的世界帝国。

图 10　油画《阿斯提格斯之死》

这幅画上的这个人叫阿斯提格斯（图 10），他是一个什么人呢？他是米底人的首领。这个阿斯提格斯，他的祖先首先把亚述帝国给灭掉了，吞并了巴比伦。亚述帝国存在了很久，但是败在了米底人的手下。后来米底人到了阿斯提格斯的时代，他梦见他的女儿很不吉祥，帝国好像被他女儿的尿淹没了。他梦见公主淹掉了整个亚洲，所以他很害怕，就把公主下嫁给了一个波斯人，这是根据希罗多德的说法。后来，这个公主生了孩子，就是居鲁士。国王又梦见她，又是一个非常不吉利的梦。

这样他就派了他的一个管家，叫哈尔帕哥斯，命他杀死这个孩子。但是这个哈尔帕哥斯没有舍得把他杀掉，而是给了他下面的一个牧羊人。这个牧羊人正好自己的孩子死掉了，一看这么可爱的一个孩子，就把这个孩子养下来，把他自己那个死掉的孩子的尸体还了回去。这样，阿斯提格斯以为这个孩子就真的没有了。后来，村里的几个小孩儿淘气做游戏，居鲁士在游戏当中扮演王。根据希罗多德的说法，他是跟贵族的孩子一块儿玩儿，就让那些贵族的孩子当他的手下，他命令那些贵族孩子的时候，他们不听他指挥，他就狠狠地处罚，用鞭子抽了他们。有个孩子回去跟自己的父亲告状，说一个牧羊人的孩子欺负我，于是告到了王那儿，告到阿斯提格斯处。王把这个孩子叫来，发现这个孩子很不一般，然后问他是谁，这孩子就一五一十地告诉了他。阿斯提格斯特别气愤，然后把他管家，就是哈尔帕哥斯叫来，问他道：你看，当年的孩子是怎么回事儿？哈尔帕哥斯说，我没有杀死他。阿斯提格斯很阴险，他对哈尔帕哥斯说：我很感谢你，你没有杀死这么一个漂亮的孩子。然后说：你回去吧，把你的孩子叫来。哈尔帕哥斯有个十三岁的儿子，独生子，哈尔帕哥斯就说好吧，他回家让这个孩子去阿斯提格斯的朝廷。到了那儿以后，阿斯提格斯把这孩子杀了。不光是杀了，而且把孩子的尸体做成了饭，然后请哈尔帕哥斯来吃，让他把自己的孩子的肉吃掉。吃掉之后问他：饭怎么样？哈尔帕哥斯说：帝王你的饭很香。他说：很遗憾，你吃的是自己的儿子。然后把他孩子的手脚还有一些东西给了哈尔帕哥斯，当时哈尔帕哥斯什么也没说，拿着这些东西就走了。

为什么要讲这么一个残忍的故事呢？因为阿斯提格斯的灭亡和哈尔帕哥斯有很大的关系。后来居鲁士攻来，攻打阿斯提格斯的王宫。阿斯提格斯竟然派哈尔帕哥斯作为将领去迎战居鲁士。那么当然，哈尔帕哥斯率军全部倒戈，投到居鲁士一方，把阿斯提格斯抓住。收藏在卢浮宫的，是19世纪的时候一个法国的画家画的。传说阿斯提格斯在死的时候，把他的那些妻妾还有仆人等等的都叫到了一起，他躺在床上，床底下是木头。据说他一把火烧毁了整个王宫，自己葬身火海。这个故事要是真的，那是非常残忍的。

刚才我讲的这个故事是希罗多德的记载。另一种传说：居

114

鲁士从前是一个仆人。阿斯提格斯时代，米底人有收食客的习俗，穷人投靠有势力的人。居鲁士最早在阿斯提格斯的宫殿作维护工人。父亲是强盗，母亲是放羊的。但是居鲁士很勤奋，原来负责在宫殿外面洒扫，后来逐渐负责洒扫宫殿的内部，后来又可以执灯，给米底的国王执灯，后来又升为执杯者。什么叫执杯呢？那时候的贵族喝酒，自己不拿杯子，是他最贴近的一个仆人拿着杯子，他想喝的时候，仆人把杯子递上去喝一口，不想喝的时候，由仆人拿着酒杯。据说后来米底的大管家，就是刚才说的那个哈尔帕哥斯的父亲看上了他，看到他长得很漂亮、魁梧，把他认作义子。这个人死后，给他留下了一大笔财产。居鲁士就变成了一个有地位的波斯贵族。关于居鲁士的传说是不一样的。

　　不论历史真相如何，反正是以阿斯提格斯为王的米底人失败，居鲁士带领着波斯族获得统治权。然后居鲁士开始征战，于公元前550年打败米底国王阿斯提格斯，前547年打败吕底人的国王，前539年又占领了巴比伦。两河流域最富庶的地方归了波斯帝国所有，奠定了波斯帝国的基础。后来又往东，前530年，好战的居鲁士向东北进发，为了征服斯基泰人，直达阿姆河流域。居鲁士杀了一个斯基泰女王的儿子。斯基泰女王为报仇，攻打居鲁士。居鲁士死在了斯基泰女王的剑下。

　　居鲁士死后，冈比斯继位。希罗多德在《历史》中说冈比斯实际上是一个有疯病的人，说他得了圣疾，喜怒无常，经常因一点事就暴怒，然后就杀人。居鲁士生前希望打下埃及，冈比斯为了实现他的愿望，去征战埃及。这是传说。在出征前，冈比斯想到要离王宫很久，所以先把他的弟弟杀害了。居鲁士只有两个儿子，一个是冈比斯，另一个叫做巴尔狄亚。冈比斯把弟弟先杀了，随后去打埃及，并成功地打下埃及。他在返回老家的路上听说，当时有个米底的马库斯，马库斯就是巫师，一个宫廷的巫师，他趁冈比斯长期不在而篡了位，装扮成冈比斯的弟弟。冈比斯听到这个消息，便急忙往回赶，可惜死在了回家的路上。

　　这时候，大流士开始登场了。传说是大流士等七个人发现登上皇位的冈比斯的弟弟是个假的。他们开始有所察觉，发现他从来不接见亲密的大臣。有一个贵族最早开始怀疑，于是他把自己的女儿嫁给所谓的冈比斯的弟弟。冈比斯的假弟弟在和妻妾睡觉的时候，不让点灯，这样没人能识别真假。那个贵族对自己女儿说：篡位的这个人叫高墨塔，高墨塔曾经是被冈比斯虐待过的一个人，冈比斯把他的耳朵给削了，你趁他睡熟了去摸，如果他有耳朵，可能还真是他弟弟，如果他没有耳朵，一定是那个巫师。

那个女孩子晚上一摸，还真是没有耳朵。这样他就知道了，说这个人还真是篡位的。于是大流士和另外六个波斯贵族，据说就从水道进入王宫。古代波斯的王宫拥有的进水、排水系统非常发达。那时正好又是在夏天涨水的时候，从流水的地方进入王国，把那个假王杀了。但是在此之前，已经有很多帝国的省份忠于这个国王，他们认为大流士才是篡位者。当听说国王被杀，于是纷纷起来造反，包括巴比伦，刚才说的斯基泰人等，都起来造反。后来大流士登位之后，又平息了这些叛乱。

图 11　贝希斯敦铭文

接着我们就来到了最著名的贝希斯敦（Behistun）铭文（图11）。贝希斯敦铭文在哈马丹附近的一个山谷里，用三种语言雕刻在高高的岩壁上。这里我一定要给大家看一下楔形文字，这就是楔形文字（图12）。贝希斯敦铭文有三种语言的版本，一个是古波斯文，一个埃兰语，还有亚述语，有的学者也把它叫做巴比伦语。欧洲人很早便尝试破解这些文字，一直想破解楔形文字的语言。最早有个人把波斯波利斯的铭文中"王中王"的内容破解，特别高兴。后来有个人叫做 Rawlinson，我希望大家记住他，这个人太伟大了。他最终把古波斯语破解了，古波斯语一破解，其他的两门语言后来也跟着被破解，特别是巴比伦语。在巴比伦后来发现了大量阿卡德语的泥版等等，楔形文

116

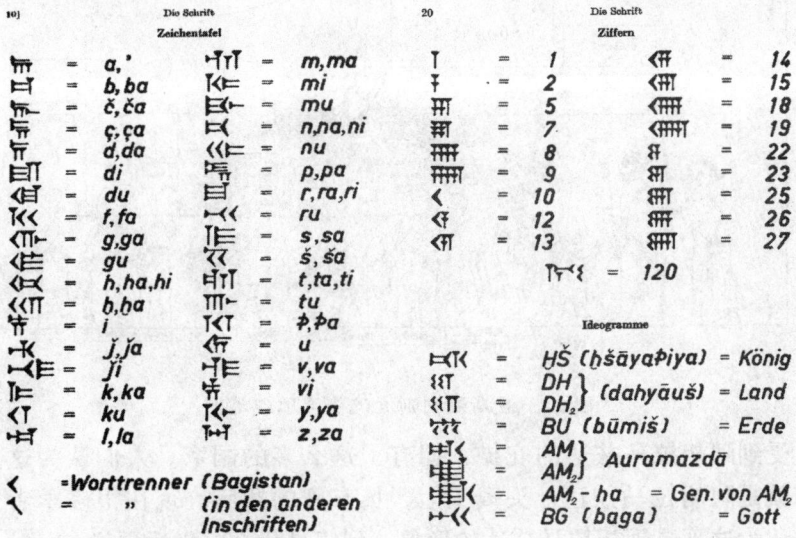

図12　楔形文字

字的泥版,那时候没人知道写的是什么意思,但是因为古波斯语的破解,其他使用楔形文字的语言,逐渐得到破解,因为知道了那些字母的意义,如何发音等。

典籍与文化 8

贝希斯敦铭文还有一种语言的版本,埃兰语版本。埃兰语比较复杂,大概使用了几百个符号。古波斯楔形文字使用的符号不多,大约几十个字母吧。消亡的古代语言,又没有什么可参考的,那么内容如何被破解出来?实际上还是依赖了希罗多德的《历史》。因为贝希斯敦铭文上记载的故事,基本上也是希罗多德写到的,版本几乎一致。关于大流士怎么篡位,怎么把冒充冈比斯弟弟的巫师杀掉,怎么平乱,希罗多德有很详细的记载,所以古波斯铭文的破解也是因为希罗多德《历史》有类似的记载。

这是贝希斯敦大流士浮雕的简单的平面线描图(图13),这中间,已经体现了十足的帝王威仪。我们现在看到的,好像是一种艺术的描述,但实际上是真正的纪实,因为古波斯人在这之前是没有文字的,那么靠什么记载事件?靠画画,做浮雕。这浮雕上的人都有名字,都能叫出他们的名字。

图的上方的这个形象是有争议的,过去人们都认为这是阿胡拉马兹达(Auramazda),因为大流士在一个铭文里讲了,我

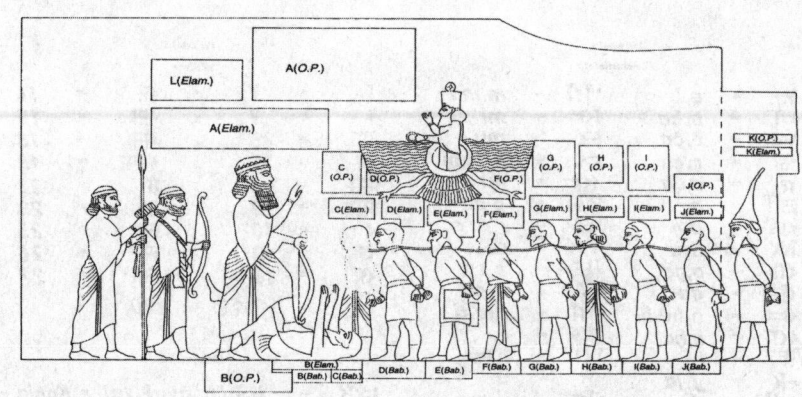

图 13　波斯波利斯大流士浮雕线描图

受到阿胡拉马兹达的庇护，拥有了这么多的国家。人们认为这就是阿胡拉马兹达，头戴王冠，长有鹰的翅膀。现在很多学者认为这不是阿胡拉马兹达的形象，到底是什么？以后再说。

下面这幅图是一个印章（图14），古巴比伦居鲁士用的印，上面文字是埃兰语，表现了居鲁士是一个能征善战的将军。

开场时我谈到，这个讲座的中心是帝国的政治理念。这里我们看到大流士称自己是王中王。通过比较，我们就能够比较清楚地了解到这个概念的含义。比如说秦始皇，秦始皇是中国第一帝，在中国实现了统一的第一帝王。那么他实行的是什么呢？是灭除了分封，建立了郡县制，"书

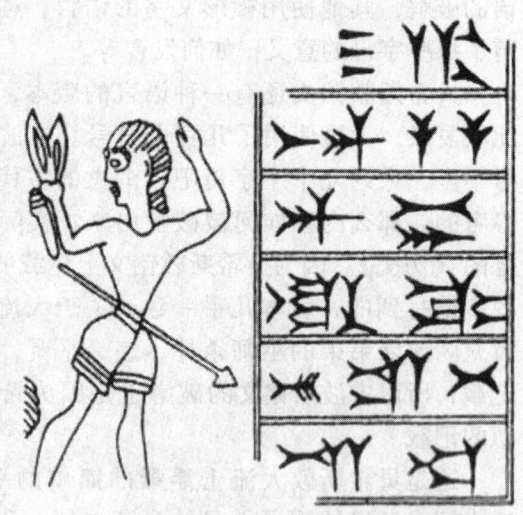

图 14　滚印所表现的居鲁士

同文，车同轨"。他自称皇帝，他的大一统，是中央集权制的大一统。

再看一下印度，印度到了阿育王的时代，就是亚历山大东征之后，也实现了大部分，也就是南亚次大陆的统一。阿育王

118

推广佛教，根据佛教的观念，这个大一统的王叫什么呢？叫转轮王。什么样的人是转轮王？他必须拥有七宝：轮宝，象征着他的权势；象宝，要有一匹大象；还有马宝、宝珠；还要有女宝，就是王后要不胖不瘦、不黑不白、非常贤淑等等，有一系列的描述，佛经里都有；还有家主宝，什么叫家主宝呢？是说这个人他知道宝藏在哪儿，比如说船开到恒河上，他说停，下面有宝，那么一挖就挖出来了。还有一个将军宝。转轮王拥有这样的七宝，这个理念比较强调超自然，富于神话色彩。

对比之下，大家能看出波斯帝国的政治理念，是不同于中国的帝国的政治理念以及印度的政治理念，这一点对于我们了解历史很重要。特别是，古波斯的政治理念影响深远，影响到了贵霜王朝，贵霜王朝的政治理念也是突出王中王。包括在古代于阗那个地方，原来那个小王国，它只要一摆脱了周边突厥、吐蕃等的统治，便开始称自己是王中王，这些都是波斯帝国政治理念的影响。

为什么会称王中王呢？这个概念，不仅仅是疆域的，不仅仅是土地的概念，而更强调了这个疆域之内有各种各样的民族。像我们发现于阗王叫王中王，还有更有意思的是佉卢文的文献上面也有王自称王中王，而且有好多称号，用了天子，用了伊朗的王中王，还用了中国的侍中，为什么呢？因为"王中王"就说明他这个地域里有不同的民族存在，他既然用了"侍中"，说明疆域内有汉民族存在。所谓王中王，也就是说他的身份是各民族都认可的。由此可以体现波斯帝国独特的政治理念。

下面围绕这个中心，主要给大家讲这个政治理念如何在波斯波利斯，在帝国的都城得以体现出来。理念必然要体现在艺术当中。刚才我们说居鲁士建都在 Pasargadae，但是到了大流士，他真正要按照自己的理念建立一个帝都，这个帝都就选址在波斯波利斯。波斯波利斯实际上是希腊语，波利斯的意思就是城，希腊文的城，波斯就是波斯人。

这是一个很著名的德国考古学家（图15）。1933 年 9 月 18、20 日，德国考古学家 Krefter 在波斯波利斯的一个石函当中找到了大流士宫殿的奠基铭文，有两块，一金一银（图16）。下面就给大家稍微说一下这块铭文的主要内容。第一句说：我是大流士，王中王，我是民族和国家的王，上述几代祖先，我最早

图15　在波斯波利斯工作的德国考古学家

的祖先——古波斯语 Hahaimanish，应该念"阿黑美尼"；依据希腊语，应该念 Achaemenes "阿契美尼德"。"阿契美尼德"这个称呼从哪儿来呢？就是从这儿来的，从大流士开始的。铭文接着说：我们的王朝叫做阿契美尼德王朝，从大流士开始，有阿胡拉马兹达神的佑护，我是23个民族和国家的王。铭文详细记载了冈比斯如何把他的弟弟杀了，还讲了巫师假扮王登基

图16　大流士宫殿的奠基铭文

的事情，还记载了他平了埃兰人、巴比伦人、亚美尼亚人、米底人、塞人等等，塞人就是图 13 中最后那个戴尖顶帽子的。

接着往下读大意是"大流士，伟大的王，王中王"。这就是古波斯帝国的政治理念，王中王。比较秦始皇，秦始皇实行郡县制，废除分封，把相对独立的王都杀了，灭国，这个理念就不一样了。所谓王中王，就是我承认你，在你的辖域，你的民族之内我承认你的存在，但是你必须服从于我，给我朝贡，以这样的方式，你不服从的时候我打你。简单地说，这就是他的政治理念。

刚才给大家介绍了"大流士，伟大的王，王中王"。我们说复数的国王，就是众国王。大流士说他"是 Vishtaspa 的儿子，阿契美尼德的族人"。大流士说："我拥有此帝国，这个帝国从 Sogdien（指粟特人居住地，粟特人是塞族人，我们史书上的塞人就是粟特人），一直到埃塞俄比亚，从印度到 Sardis。" Sardis 是哪儿？在现代土耳其境内。"这个帝国是阿胡拉马兹达赐予我，愿阿胡拉马兹达保佑。"

这就是波斯波利斯（图 17）。这是公元前 500 多年的建筑，整体依山而建，又没有建在山上，而是平地起了 15 米高的一个台基（图 18）。在台基的中心处建了觐见厅，这是最主要的建

图 17　波斯波利斯

121

图18 波斯波利斯高大的台基

筑。同样在台基之上，还有万国门等等，非常的雄伟。当我们
于2012年1月5日走到那里时，大家都被所见到的景象震惊了。
15米高的一个台基，这个台基不是正面上去，是分开对称的两
个楼梯。每层台阶好像刚好是十厘米高，这个高度可以让人拾
阶而上时看上去很有尊严。你必须挺直腰板，昂着头，一步步

图19 万国门

拾阶而上。先要经过一个万国门（图 19）。门两侧的雕塑，是长了翅膀的牛的身体，人面。这个形象实际上是从巴比伦借来的。这种雕塑据说在巴比伦非常多见。

我给大家看一个恢复出来的样子，万国门的一侧应如此（图 20）。经过万国门，然后向西拐。这应该是东门（图 21），东门非常高。门壁上的浮雕一共 5 排，浮雕上的人像很高。王在最上面，坐在整个门的门廊的最高一层的石雕上。然后下面

图 20　万国门复原图　　　　　图 21　波斯波利斯东门

是他最亲近的民族，一层一层往下排，最远的是来自非洲的。两面浮雕一共 100 人，一面浮雕都是半个人的形象，另一面全部是卫兵的形象，东门高 60 米，25 米宽，有 12 根柱子支撑，要通过这样的一个门，进到那个大厅等候国王的接见。这个就是我们说的觐见厅，这是人们根据考古发现绘制出来的一个景象（图 22），觐见厅正对着大路，进入觐见厅得通过万国门，是大流士最先建的宫殿，大流士后来就住在这里。这些建筑都在台基之上。

觐见厅的大殿有 4 重台阶。台阶的两侧都是雕像，都是浮雕。中间部位原来有一幅巨型浮雕，一会儿我们要仔细看。觐见厅由柱子支撑起来，柱子非常高大。考古学家认为仅柱基就有八米高，柱子上面有柱头，由四种兽的形象构成，有狮子、牛、马，还有好像是鹰，这四种兽。这些兽头作柱头非常巨大。

图 22　觐见厅复原图

柱头之间有木横梁。这是考古学家绘制出来的（图 23）。在横
梁之上还有屋檐，连屋顶上
都有非常精美的图画。伊朗
人特别爱用一种叫阿拉巴斯
达的石材，不知道翻译成汉
语叫什么。到现在为止伊朗
人依然爱用这种石材。这种
石材，如果做成地下室的屋
顶，那么从底下能看到石材
是透光的，月光可以透过来。
这种石材看上去有点像大理
石，但是比大理石透光，当
然肯定不是玉。大殿的整个
地面都是这种石头铺的。在
大殿里据说也发现了家具的
痕迹。大殿的底部都是石头
的，但上面都是用木料建造

图 23　觐见大厅柱头复原图

的。所以后来亚历山大一把火就把这个大殿给焚毁了，什么都
不剩。但是考古发现了一些家具的痕迹。打造家具需要钉子。
那么是用什么做的钉子呢？考古学家发现，当时古波斯王宫是用金子来制作钉子。

我们今天主要讲这些浮雕，因为这些浮雕最能够体现帝王的理念。大厅的中间现在没有浮雕。现在中间的这块，是后换上去的。现代考古发掘之后，把原来中间部位的浮雕移到了宫殿的宝库处（图24）。这幅浮雕中间是大流士，他的身后是薛西斯的形象，这是王子的形象。按理说他应该与王并排，但从浮雕表现，王子在王的身后。王后面的这个形象是朝廷的总管，大管家。他的头部用布把嘴都包上。他身后是卫兵。

图24 觐见大厅四个楼梯中央处的浮雕，后来移到宝库处

这幅浮雕上的人都有名字，都曾是真实的存在。其中一个人叫范纳格，他是当时侍卫队的队长。他向国王来报，哪个国家的使者来向您献礼了。浮雕上，他用手遮蔽住自己的嘴，以免自己口中的气味污染了帝王。在帝王和侍卫队长之间还有两个香炉。后面是侍卫。

大家先感受一下这组浮雕的巨大，共三层（图25）。这是在比较远的距离照的，可以看到台基右侧的浮雕。右侧浮雕描绘的是波斯贵族和米底贵族，一个波斯人一个米底人，他们在互相交谈。为什么有这么多的贵族呢？帝王需要把他的贵族派到各国去。如何实现贵族的统治呢？帝王还承认他国的王，他

图25　觐见大厅楼梯处的浮雕

国的王还是王，但帝王是王中王。于是帝王派自己的贵族去那儿统治，派去的兵都很少，所以亚历山大当年一路如摧枯拉朽。据说亚历山大先攻埃及，先把埃及打下来。埃及的那个波斯总督不战而降，把埃及让给了亚历山大。这些贵族实际上代表了大流士派往各地去的一些贵族，你看他们友好交谈，还有的手拉手，显示帝国统治阶层的和谐。他们都是乘坐马车来的，其实细节可讲的很多。先给大家看一下整体的样子，然后再一点点来看。

　　刚才说到中心位置原来是大流士以及侍卫队长等人的浮雕。两边是分了三层的浮雕。最上一层离大流士最近的是米底人（图26），然后是埃兰人（图27）、帕提亚人。埃兰人带着狮子，带着弓箭。这是一头母狮子和两头小狮子，舐犊之情似乎从浮

图26　米底人

126

图 27　埃兰人

雕中流露出来，依然活灵活现。手中拿的东西代表他们的财富。
一个米底人手中拿着一个金瓶，另一个拿着两个罐，一个装的
是水，一个装的是土，水和土都表示臣服。据说薛西斯打希腊
的时候，让他的使者去雅典和斯巴达，向那里的人要土和水，
让他们交上水和土表示臣服。据说斯巴达人把使者扔进井里，
这是斯巴达人关押犯人的方式，因为井很深，犯人跑不出来。
而雅典人把薛西斯的使者扔到深坑里头，据说这是雅典人处理
罪犯的方式。井和深坑是希腊人关犯人的地方。雅典人和斯巴
达人就是这样对待薛西斯的使者，对他们说：要土和水，那么
你们进去取吧，去尽情地取土和水去吧！所以大家看浮雕上这
些使者代表团，大多拿着装了水和土的罐子，以表示臣服。米
底人还拿着金环，金环表示他们富足，后面的人捧着衣服。那
时候的衣服不像我们现在，那时候的纺织品还是很珍贵的。

　　埃兰的使团之后是帕提亚人的队伍（图 28）。帕提亚人后
来建立了安息王朝，帕提亚人也是伊朗的一支。帕提亚人带来
了双峰的骆驼。双峰骆驼是他们那儿的特产。帕提亚人也拿着
两个罐，一个装水，一个装土。但是，帕提亚人明显没有米底

图 28　帕提亚人

人那么富足，没有金环，也没带来衣物等。最后的这个帕提亚人披的据说是狮子皮，来向国王献上狮子皮。

最上一层，跟在帕提亚人之后是阿里尔人（图29）。阿里

图29　阿里尔人

尔，这里指单一的一个民族，居住在相当于阿富汗境内赫拉特的地方。这也是操伊朗语的一个民族。他们这种包裹头的方式都是伊朗民族骑兵原有的装束。跟在阿里尔人之后，在浮雕破损严重的地方出现的应该是埃及人（图30），这是根据其他地

图30　埃及人

方的排列，例如根据帝王谷各民族的排列推断出来的。埃及人之后是所谓巴克特里亚人（图31）。巴克特里亚人就是后来汉

图31　巴克特里亚人

籍史书中的大夏人。他们也用碗盛了水和土表示臣服，使团只牵来一只骆驼，可以看出这个民族在当时好像没有那么富足。巴克特利亚人之后，是叫做Sagartier的使团（图32），也是伊朗民族的一支，这可以从用头巾包裹头看出。他们与帕提亚人结

图 32　Sagartier 使团

盟。他们献上一匹马，也献上服装。这是第一层的基本内容。

　　第二层，最接近中心部位的是亚美尼亚人。跟在后面的是巴比伦人，在巴比伦人的下方，也就是在第三层，如这幅图所示（图 33），是吕底亚人。巴比伦人的样子显得比较富足，但

图 33　巴比伦人与吕底亚人

最富的应该是吕底亚人。巴比伦人带来了单峰牛，这个物种已经灭绝，但显然在公元前 6—前 5 世纪时两河流域地区还有这种牛。吕底亚人的国王和居鲁士据说还有一段很凄惨的故事，卢浮宫也有以此为题材的艺术品，这里不再详说。这幅图刚好可以展示给大家。在每个代表团之前都有引导人，领着使团去拜见大流士。这些引领者也有排列的规矩，按照一个米底人、一个波斯人的方式。如果这一队是波斯人作为引领者，那么下一个就是米底人。波斯人和米底人的装束不同。那时候米底和波

斯在整个伊朗语民族中间是最尊贵的两个族。吕底亚人是小亚细亚最主要的民众。吕底亚人的富有可以从装扮、带来的礼物看出来。凡是拿着金环的，套着马车来的，都是比较富有的民族。

跟在巴比伦人之后出场的，是叙利亚人（图34）。叙利亚人显然不属于伊朗民族，他们没有用头巾包裹头的习惯。他们送的是羊皮，赶来了羊群。他们没有拿金环，拿了两只土碗，表示臣服。

图34　叙利亚人

第二层，跟在叙利亚人之后，是最著名的头顶尖帽子斯基泰人（图35），也是汉文史料中的塞种人。尖帽子的塞种人是马上的民族，所以使团牵来马匹献给国王。从浮雕可以看出，马的身上系着铃铛，马尾巴束起来。塞种人使团拿着双环。双

图35　斯基泰人

环也表示臣服，环有达成契约的意义，据说戒指即起源于这一层意义。比较有意思的是图上排在最后这个人，他手里捧着裤子。裤子是马背上的民族对人类文明的贡献，是他们的发明。这个人手里捧着的裤子，还带袜子，这就是一连裤袜。但是，这连裤袜是什么料子做的？现在无法知道了，肯定不是化纤的。总之，

骑马穿裤子更为方便。从装束看，他们还随身携带弓箭、匕首。

还有一组人叫做犍陀罗人（Sattagydier & Gandharer）（图36），他们曾经生活在现在的阿富汗东部和巴基斯坦西北部。他

图36　犍陀罗人

们带来生长了单峰的牛。这一物种应该是那里的特产。第二层跟在这些人之后是著名的粟特人（图37），来自花剌子模。粟特产金器，所以他们拿了一个金瓶金环，持双斧。双斧是他们的主要武器之一。粟特也是马背上的民族，所以牵来了一匹马。一个波斯人、一个米底人在引领这些来自不同地域的朝贡使团。

图37　粟特人

如果最上层为第一层，那么最下层是第三层。第三层最前面的是吕底亚人（图38），即小亚细亚最主要的民众，比较富

图38　吕底亚人

有的民族。跟在吕底亚后面的是卡巴人，他们居住在现在土耳其的安纳托利亚高原。他们之后，可以从服饰看出，有些是希腊人（图39）。希腊人那时候在波斯人面前很自卑，显得很穷。希罗多德描述说，在宫廷里穿戴华丽的就是波斯人，穿的穷酸的就是希腊人。这一组就是希腊人，希腊人的一支。他们也是拿着土杯子，也带来了布料。

图39 希腊人

下面这一组人据说是来自阿富汗的南部，也带来了双峰骆驼，一看便知是来自干旱的、多沙漠的地区。这一组人的名字不好念，他们是 Drangianer & Arachosier（图40）。

图40 Drangianer & Arachosier

下面一组很重要，他们是印度人（图41）。他们来自印度，

图41 印度人

一条扁担两个筐。看到这情景，我不知道为什么想起了三藏。"藏"字，也是筐的意思。考古学家猜想说，来自印度使团的筐里装了两个瓶，这瓶里装的一定是好东西，可能是印度河里的金沙。印度人还带来头毛驴。那时候波斯人没有见过驴。据说打仗的时候驴后来成为他们的一种秘密武器。驴一叫那些马就惊了。看来印度那个地方产驴。另外，印度人代表的是热带，所以他们都是短打扮，穿着短裤。

　　除了刚才我说道，在台基的东侧，在规整的地方可以看到三排浮雕，那么在台基逐渐有倾斜度的地方，仍然雕刻有距离帝国比较遥远的人物（图42），比如说最下层靠边是埃塞俄比

图42　斜坡浮雕

133

亚人。斜坡上是阿拉伯人，阿拉伯人的特点就是带来骆驼，而且是单峰的骆驼。刚才看到来自中亚的使团带来的都是双峰骆驼。阿拉伯人的下方是利比亚人，他们是赶着马车来，带来了羊群。还有一些：阿拉伯人的前面是特拉克人（Thraker），他们来自希腊的北部，牵着马，拿着长矛和盾牌。利比亚人的前面，特拉克人的下方是卡尔人，他们来自现在的土耳其西南靠海的地方，带来了牛，手中持枪、盾牌以及弓箭。

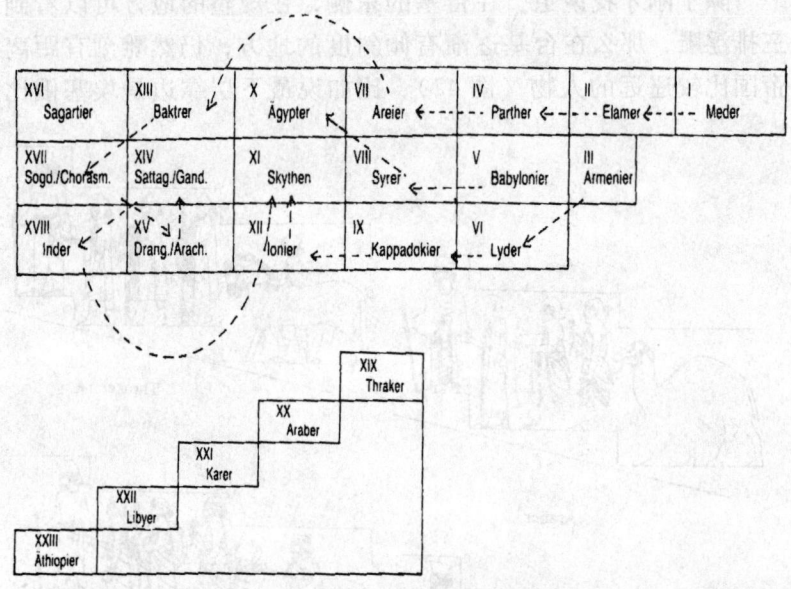

图43　浮雕上各民族位置图

再给大家看这样一张图（图43），中间这个地方，抠掉的这个地方，原来有浮雕，雕刻着大流士、王子、大总管等，即我们刚才看到的那幅浮雕，还有侍卫队长用手遮挡口的那一幅。以此为中心，可以看到离他最近的是米底人，然后是埃兰人，帕提亚人，大多是伊朗语族。觐见大殿台基的浮雕上出现的使团次序，经过了调整。除了考虑到使团之国实际的远近、亲疏关系，这些浮雕显然也照顾到视觉效果。比如说，一些使团如塞种人、粟特人，他们都是牵着马来的，所以艺术家在二者之间插入了犍陀罗人，因为他们带来的是牛。如此安排，使画面更多变化，也更加生动。在兼顾视觉效果同时，还是遵守了一定的排列原则，这就是按照离波斯波利斯实际距离的远近排列，犹如帝国的一幅线性地图，巴比伦、吕底亚、帕提亚等，离中心区近，而印度、阿拉伯距离中心区较远，埃塞俄比亚是离得最远的，所以埃塞俄比亚的位置在最远端。这样的排列，与在帝王谷发现的铭文基本一致。那件铭文说大流士征服了多少民族，现在统治着多少民族，铭文的数字与浮雕所体现的民族数字完全吻合。这说明觐见厅台基的浮雕不完全是一件伟大的艺术品，而且还是公文性的纪实作品。

有一张地图展示了各个民族的分布情形。它展示了巴克特里亚人（大夏人）、犍陀罗人，即带来有单峰的牛的使团，来自坎大哈以北的地区。帕提亚人实际上主要分布在伊朗的北部，在里海的附近，米底人主要分布在哈马丹。巴比伦人，分布在幼发拉底河的河岸边上。还有吕底亚人，分布在相当于现在土耳其的版图内。这就是波斯帝国的版图，所谓众王之王的帝国版图，以及所谓众王的分布图。

这幅图片给大家展示一座恢弘的王宫的巨大的宝库（图44），对宝库的发掘开始于1930年。亚历山大最终夺下这座王城。这座王城原来是由1000名波斯的精锐部队防守，号称攻不破。最早我们说道，王宫是依山而建。山上还有大流士父亲的坟墓，还有护城墙。如果不是背叛，这座城是不可能被打下来

图44　王宫宝库遗址

的。宫殿区有很好的排水系统，开始建这个城的时候就建好了水渠，可以把清水引进来。伊朗高原气候干燥，但是伊朗人很早就发明了坎儿井。我们知道在吐鲁番有坎儿井，实际上真正发明坎儿井的是伊朗人。他们在修建帝国王城的时候，先要挖坎儿井。依山而建，原因之一恐怕是考虑到地下水的走势吧？这个宝库据说是真正的宝库，并非我们今天意义上的库房。大流士的库房，装的都是黄金白银，各地方送来的纺织品等等。据说亚历山大攻下这座王城以后，动用了 3000 匹骆驼和骡子，运走了相当于 3600 吨白银的财宝。1930 年，来自美国的施密特教授开挖，依然发现财宝，挖出了很多烧得变了形的金银器。

图 45　墓葬

　　这幅图是王城，后面是山，山上有四个坟包。据说大流士的父亲母亲都葬在这里。大流士即位的时候，他的父亲还健在。按理说应该父亲不在了才能即位，但是大流士不是即位，而是夺得了王位。此时他的父亲还在。后来大流士在这个地方给他的父母修好了坟。据刚才提到的那个希腊人泰西亚斯记载，大流士的父母亲自去参观了自己的坟。参观时有个巫师用绳子把他们拉上去，但是拉到一半时那个巫师受惊，手一下子松开绳子，大流士的父母当时毙命在那座坟下。

136

这张图片里的断壁残垣（图46），是大流士的宫殿，整体建在15米高的台基之上。

图46　宫殿遗址

在结束之际，我想再多说几句话。在讲座开始，我着重介绍了原始资料，是希腊人的，然后又介绍考古发现，重点推出了法国人的发掘、德国人的发掘，特别强调了他们开始挖掘的年代，有些是开始于19世纪，有些是开始于20世纪30年代，一直延续到现在。我不知道大家有没有这样的感受：接触到这个题目，发现对于古波斯的研究领域，全部属于西方人的知识领域范畴。西方人于19世纪就已经破译了楔形文字。然而在历史上，操伊朗语的各民族与中国的联系也是最密切的，但是我们对伊朗的关注几乎没有，甚至我们没有伊朗语专业。当然我们有波斯语专业，但波斯不是伊朗，波斯学不是伊朗学。这里想告诉大家，北京大学从20世纪末开始已经在做这样的努力，即试图在中国建立伊朗学，因为伊朗学和我们中国古代的关系密切，甚至影响到现代的我们。曾经生活在丝路的伊朗语族文化的影响，实际上到现在还有微乎其微的中子、粒子的存在。这是我想给大家提到的一个感受，希望引起更多的人对伊朗的关注。谢谢大家！

齐东方

互信与交流
——波斯艺术与中国

　　齐东方　1956 年出生于辽宁昌图。1992 年获博士学位。现任北京大学考古文博学院教授、博士生导师、特聘教授。主要从事汉唐时期考古、历史、文物、美术教学与研究。参加和主持过在新疆、青海、日本山形等地的考古调查和发掘。主持和参加过多项国内外大型科研项目。参加国际、国内学术会议约 70 次，多次获得国家社会科学、教育部、北京大学科学研究、教学奖，多次参加教育部、国家自然科学基金委员会、国家社科基金、国家文物局、教育部、留学人员回国研究基金会等的科研项目设计、评审和验收工作。

　　出版独立撰写、主编、参加撰写的学术专著《唐代金银器研究》等 13 部，发表学术文章近 200 篇，主要包括墓葬制度研究、金银器研究、马具研究、玻璃器研究、丝绸之路研究、唐代陶俑研究和吐谷浑余部历史的研究。

今天用这个题目叫"互信与交流"，副标题是"波斯艺术与中国"。互信与交流有些理论性，但是下边这个副标题比较具体一些，我是想通过一些具体的实物，来体现互信和交流的重要性。

大家知道，伊朗是必定要引起世界关注的这么一个国家，特别是现在这个依赖能源的世界。伊朗石油的储藏量占世界的11%，天然气占22%。这是一个什么概念？中国的石油储量占世界的1.2%，如果要和我们国土面积加上人口参照一下，就知道伊朗能源的丰富可不是一般的。伊朗不仅仅是世界上第四大产油国，还是第二大石油出口国，中国的石油大量从伊朗进口，据我查到的资料，15%都是从伊朗进口。而且全世界石油输出的35%都要通过伊朗的霍尔木兹海峡，所以我们说伊朗一定会引起世界的关注，特别是现代社会。

但是这个国家又在世界上很有争议，特别是世界一些主流媒体，把它渲染得保守、愚昧，独裁、邪恶，它拥有导弹，还想制造核武器，我们在新闻报道和网上都知道。这个国家实行政教合一，直观的现象就是女性一律要包头，头巾要围得严严的，还有不许饮酒等规定。这个国家又非常强硬，它仇视以色列，跟美国对着干。以上这些我们大概都能知道，但是有一点可能未必很多人知道，就是它是一个值得思考的国家，它拥有数千年精彩的文明。

我们经常听到什么波斯、波斯艺术、波斯文化，就是因为这个国家的历史相当悠久，曾经在世界上引起广泛关注，影响了其他地区。但是伊朗为什么会成现在这个样子？我简单地说一下，伊朗在近现代曾经发生了两次革命，一次叫"白色革命"，一次叫"绿色革命"。所谓白色革命是在20世纪初，伊朗开创了一个王朝叫巴列维王朝，这个王朝后来把波斯国名改成了伊朗，它实行的是一种政教分离的独裁专制统治，在国内实行了重大的改革。包括土地改革、工人在企业当中入股、废止

141

妇女蒙面纱、给妇女投票权、用民法取代了原来的伊斯兰教法、用现代教育代替了原来的宗教教育、推动工业化、对外开放、采取亲美政策等等，所以很快靠石油的收入，经济急剧增长，国家发生了很大的变化，同时也使西方的文化和生活方式融入，伊朗过去的传统受到了冲击。这时候潜在的危机也逐渐暴露出来了，再加上当时的官员贪污腐化，社会上贫富差距悬殊等等加剧了社会矛盾。而巴列维王朝不相信用民主方式有助于缓和这种危机，对反对派采取的是一种强硬镇压的手段。这个时候曾经激烈地批评过国王改革，流亡到海外的宗教领袖霍梅尼成为当时反对国王的精神领袖，最终推翻了巴列维王朝的君主统治。霍梅尼建立的新政府，进行了"绿色革命"，由宗教领袖掌实权，制定了伊斯兰化的新宪法，提出了既不依东也不靠西的政策，主张不要资本主义，也排斥共产主义这样的一种政治理念。霍梅尼有一句名言，他说：别用民主这一词，那是西方模式。规定没有官方的允许，书籍、杂志不得出版，录音、电影都不能播放，文化团体不能随便成立，这就是所谓的绿色革命，也叫伊斯兰革命。

对于绿色革命和白色革命的评价不是我今天要讲的，这是搞现代政治的人研究的问题。但我们要了解伊朗，对它的近现代历史要稍微有一些了解。有一部电影很有意思，在网上都可以看得到，电影的名字叫《我在伊朗长大》，是一个用动画片方式拍的故事片，记得电影里一个人说过这样一句话：国王是专制的，可他把我们带进了现代化。很令人回味。

要了解伊朗，也要了解它的古代文化，那是一个给人类文明添彩增色的伟大文明古国。

目前伊朗和以美国为首的西方世界严重对立，我们去的时候是在去年的年底和今年的年初，就这么几天。可大家知道，那里正剑拔弩张，伊朗把美国的无人侦察机给击落了，而且展示羞辱美国。我们去的时候，正好是伊朗在霍尔木兹海峡进行大规模的军演，这个军演在这之前就引起了世界的关注。伊朗当时还宣称：如果美国制裁我们，我们就要封锁霍尔木兹海峡。大家知道，全世界30%多的石油要通过那运出去，封锁霍尔木兹海峡，将会是什么样的状况。但是美国一点也不让步，当时就提出你要胆敢封锁，我们必然要对你进行军事打击，而且还

142

说，绝不容忍这个海峡遭到封锁，这是我们的一个底线。双方都放出了狠话。我们在这个时候要去伊朗完全是意外，因为去伊朗考察是多年前的计划，即便是这一次操作旅行计划也已经有半年的时间了，没有想到就是在临行前出现这样的形势。在美伊两国正在叫板的时候，正在进行军演的时候，我们获得了签证。去还是不去呢？我们每个人都受到了亲友的忠告，说别去了，你看这几天电视上的新闻，那里太危险。当然还真有人没去。后来我就想没什么，听天由命吧，我们这些胆子比较大的教授去了，使我们带有求知欲望的学术考察，增添了一些好奇心，也有一种紧张的感觉，也挺兴奋的，挺刺激的。

我们到了伊朗，从德黑兰开始，去了一些著名的地方，比如加兹温、库姆、伊斯法罕、亚兹德、设拉子，最后到达霍尔木兹海峡，取道阿曼回国。媒体报道这里气氛紧张，但我们去的时候霍尔木兹海峡非常安静（图1、2），一路很安全，顺利地回来了。

图 1　静静的霍尔木兹海峡

伊朗的古今文化，对我来说感到很震惊。历史学家在研究历史的时候，通常用当时的价值观、道德观，对历史的人物、事件给出一些评定。也有的是用现在的观念和伦理，重新解读历史。我纠结在这两者之间，尽量去理解、思考。在历史和现实的对照中，通过了解古老的波斯艺术和中国的文化交流互动，我似乎更加领略到古人留给我们的一些宝贵的经验，那就是：

143

图2 静静的霍尔木兹海峡

要求各国文化和思想统一，是一种不切合实际的幻想，但是在对话、交流中，总会产生一种互动，不可避免地会发生一些相互影响，甚至融合。所以，排斥其他文化，至少不是明智的选择，应该是在互相尊重这个基础上进行交流，然后在各自的选择中学会包容对方，接受对方。古代丝绸之路，古代各个国家之间的交往，已经告诉我们：交流才能使人类社会共同发展进步。

在伊朗经常能够看到这样一个图案，是一只人首鸟身的鹰，展开巨大的翅膀（图3），非常简洁明快。这个形象不仅出现在历史古迹中，现在的酒店的前台、旅游点也把它做成各种各样的纪念品来出售，比如冰箱贴、钥匙链等等。这个形象无疑是一个符号，具有特别的文化含义。人首鹰身像就是阿胡拉马兹达，和古代伊朗人信奉的祆教有关。祆教也叫做拜火教，或者叫琐罗亚斯德教，所信奉的最高之神就是阿胡拉马兹达，认为

图3 阿胡拉马兹达

是他创造了人、地、幸福等等，教义是主张善恶二元论，把火看成是一种神圣之物，是膜拜的对象。信徒们给最高神阿胡拉马兹达塑造出了这么一个人首鹰身的形象，后面常常是熊熊燃烧的火坛。

阿胡拉马兹达人首鹰身的形象在伊朗的很多古代遗迹中都有。如今的伊朗人已经信奉了伊斯兰教，但是人世间善恶斗争还在继续，不过是随着历史的改变，重新定义了内容和方式而已。改朝换代没有切断伊朗这个悠久的历史传统。拜火教现在还在很少一部分人中流传。伊朗不论是坚持现在的体制，或者改变什么信仰，远古文明中的阿胡拉马兹达作为一种精神的象征，好像还注视着这个国家的变革。

我们到伊朗首先参加了一个学术会议，会议场面很特别，如同到处都能够看到霍梅尼和哈梅内伊这两个伊朗领袖的画像一样，学术会议的会场也悬挂有这两个人的像。开会之前要全体起立，唱国歌，然后要有一个唱颂《可兰经》的人，在会前唱颂一段《可兰经》，之后才开始开会。这种场面与几十年前"文化大革命"时期的中国很类似，伊朗现在就是这个情况（图4）。

图4　学术会议会场

到了伊朗之后，经常可以看到女性都是披着黑色的长袍，把头包得很紧，坐公共汽车，男性和女性要分开，就是上车之后，男的坐在前边，女的坐在后边，哪怕这边空那边挤，也不能掺和到一起。这是到伊朗后坐公共汽车必须要注意遵守的风俗规定（图5）。如今街头经常可以见到提示广告，大意是姐妹

图 5　公交车男女分开坐

们，注意你的着装仪表。但纵然妇女黑衣加身，她们也绝不是想象的那样保守、阴郁，艳丽的头巾、手套、发型（图6、7），

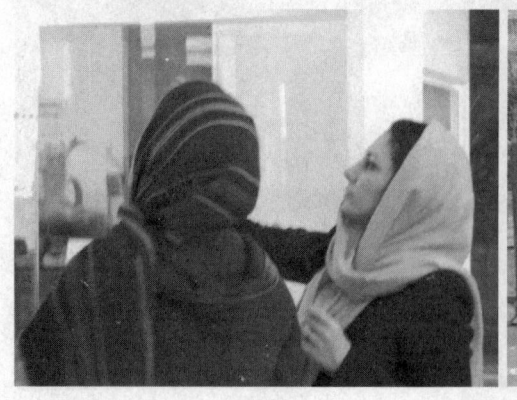

图 6　伊朗女性

图 7　伊朗女性

以及从头到脚的黑色长袍里露出的鲜艳色彩，表现出她们在清规戒律的制约下，依旧保持着对美的追求，这难道是源于古老波斯民族深藏于血脉之中的高傲和浪漫？

回到伊朗的古代社会，它的历史宏观上可以鲜明地分为两个阶段，分割点是在公元651年。这一年阿拉伯人推翻了萨珊王朝，以伊斯兰教取代了祆教，整个国家不仅政权改变，宗教信仰也改变了，于是引起一系列重大的变革。如果说伊朗历史上发生过无数重大变化，那么都没有这一次变化来得彻底。我们会注意到，就在伊朗历史上这个巨大变化点上，也与中国联系在一起，古代中国和伊朗的关系中，给人印象最深的也就是在这一年。这一年波斯萨珊败给阿拉伯人后，萨珊末代国王的儿子竟然逃到了中国来避难，原本是悠久的中西通道的丝绸之路，变成了波斯萨珊灭亡后皇室的逃亡之路。曾经雄视欧亚的波斯萨珊帝国，灭亡之后为什么选择要逃往唐朝呢？一定是有长期的互信为基础，不能随便要往哪跑就往哪跑。

波斯萨珊王朝曾与中国有密切来往，历史文献中有明确记载，除了文字史料，还有一些更加鲜活直观的遗物发现。我是搞考古研究的，更多关注的是用实物展示出的古代中国和伊朗之间的关系。在伊朗德黑兰国家博物馆，当然会有一些收获，所以我要从一件玻璃器说起。

伊朗德黑兰博物馆展示了一个玻璃瓶，形体非常小（图8），而且品相也不好，风化得很严重。可当时我看到之后眼睛一亮。为什么会对这件器物感兴趣呢？大家看下面这个图片就可以知道了，这件玻璃瓶是在中国陕西西安郊区一个叫清禅寺的遗址里出土的（图9）。这件器物发现以后，很长时间没有人关注它，后来有一年我到了日本，当时在日本看了一些书，也看到了一些和它类似的东西，于是我就写了一篇文章，最后的结论考订陕西

图8　德黑兰博物馆的萨珊玻璃瓶

147

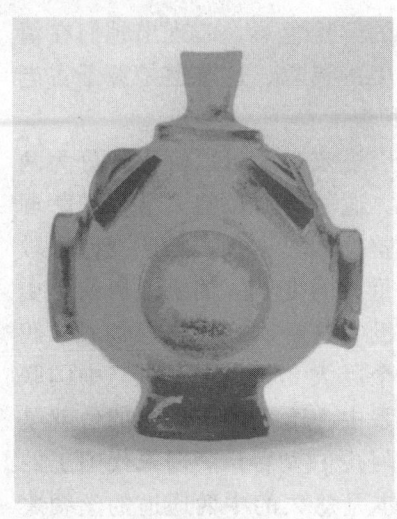

图9　西安郊区出土隋代玻璃瓶

清禅寺发现的这件玻璃瓶，它的产地应该是在伊朗，是波斯萨珊王朝的遗物。当时做的是一个推测，找不到更多的资料，因为当时我没有去过伊朗。所以在伊朗一看到这件器物，立刻产生一种学术联想，叫做"窃喜私见与之暗合"，过去的一些想法能够在伊朗找到实物证据，这对于一个搞研究的人来说，当然是很兴奋的事情。也就是说伊朗玻璃器很早的时候就传入到了中国，陕西清禅寺的萨珊玻璃瓶是经过考古发掘在地下出土的，这和传世品不一样，说明至少在隋代之前，萨珊玻璃已经传到中国。

要了解一个国家的文化，一定要去博物馆，伊朗两个很有特色的博物馆反映了这个国家独特的历史。一个是地毯博物馆，波斯地毯至今闻名世界众所周知。另一个就是玻璃博物馆，展出了大量古代伊朗的玻璃，在这些玻璃中，可以看到很多相似的东西在中国也曾出土，比如说中国新疆、中国南方、中国北方都出土有一种磨花玻璃（图10—13），这种玻璃就是来自于当时的伊朗，更确切地说，来自于伊朗波斯萨珊王朝。波斯萨珊

图10　新疆巴州营盘9号墓出土玻璃杯

图11　新疆扎滚鲁克
49号墓出土玻璃杯

图 12　南京象山东　　　　图 13　德黑兰玻璃博物馆藏玻璃杯

晋墓出土玻璃杯

王朝相当于中国南北朝到唐初，时代再晚一点，即波斯帝国灭亡以后，在中国也发现被称为伊斯兰玻璃的实物，与伊朗玻璃博物馆展出器物在造型甚至上面刻画的纹样几乎都是一样的，当然也来自伊朗（图14、15）。比如直筒玻璃杯，中国河北定县

图 14　德黑兰玻璃博物馆藏玻璃瓶　　图 15　河北定州静志寺藏玻璃瓶

发现过两件，陕西扶风法门寺地宫也出土了直筒玻璃杯，这种杯在伊朗古代经常可以看到（图16—19）。法门寺地宫还有来自伊斯兰世界的玻璃盘，内蒙古辽代墓葬里还曾出土成套的玻璃器皿，都属于伊斯兰玻璃，应该也是来自伊朗。从波斯萨珊王

图 16　河北定州静志寺藏蓝玻璃瓶

图 17　河北定州静志寺藏白玻璃瓶

图 18　陕西法门寺藏淡黄色
直筒玻璃杯

图 19　德黑兰玻璃博物馆
藏玻璃直筒杯

朝直到后来的阿拉伯大食王朝，伊朗玻璃器皿陆陆续续没有间断地输入到中国。为什么强调玻璃呢？因为玻璃的发明虽不是在伊朗，却是在伊朗的帕提亚时代发展起来的，帕提亚中国古文献中叫安息，安息接下来的萨珊王朝和后来的伊斯兰时期，伊朗人把玻璃制造推向了新的高峰，这是伊朗对世界文化作的贡献，他们不仅用玻璃装点了自己的生活，也把它向周边各个国家传播，甚至对后代产生影响，这就是伊朗历史在这些方面的独特，伊朗有世界少见的玻璃博物馆，与这个国家特殊的历史有关。强调玻璃器皿，也不仅仅因为它是光亮透明、色彩斑斓、变幻莫测的精美文物，还因为在古代玻璃是一种材料，也是一种精神，更是一种文化。中国至少在宋元以前，对玻璃充满了神秘感，它的价值甚至于凌驾于宝石和金银之上，可在那个时候，伊朗已经是玻璃生产的大国了。中国和伊朗之间的交往中玻璃器皿传到中国，这是一个很重要的事情，使中国几起几落的玻璃生产制作终于逐渐发展起来。

玻璃对促进人类社会的进步非常重要，近现代西方世界科学技术遥遥领先，很多重大发明都和玻璃有关。中国直到清代的玻璃制造，还把聪明才智放到仿漆、仿瓷、仿玉或制作精美的鼻烟壶之类上，近现代中国科技的落后是否与玻璃的缺席有关呢？这里我们就不多讨论了。

古代的事情能留下一些经验和教训，古代不同文化的碰撞中，对异域的文化可以接受，也可以拒绝。人们经常说受某种文化的影响云云，影响是被动的，也是可以摆脱的。文化交流是一种互动，互动中必须产生一种信任，如果没有信任，怎么交流？不管是通过友好对话，利益谈判，甚至通过残酷的战争，都能实现一种交流，这种交流最后的结果，可能会产生一些文化的交融。古代中国和波斯之间的关系的特点，我们从中国史书里可以看到，有很多外国、外族经常会与中原的汉族之间发生冲突和战争，但是和波斯之间我印象中基本没有，多是一种互相交往，甚至互相仰慕，这种交流中波斯文化对中国文化产生不少影响，当然这个影响是相互的，我今天主要是讲我们古代中国是怎么接受外来文化的影响的。

下面再谈一种器物——角杯，实际上应该叫来通，是角杯的形态，来通是英语的音译。不只在德黑兰博物馆，一路上我们看到的博物馆里这种器物很多（图20—23）。来通通常做成一个角杯形，底下通常有个流口，液体可以从那里流出。为什么提这

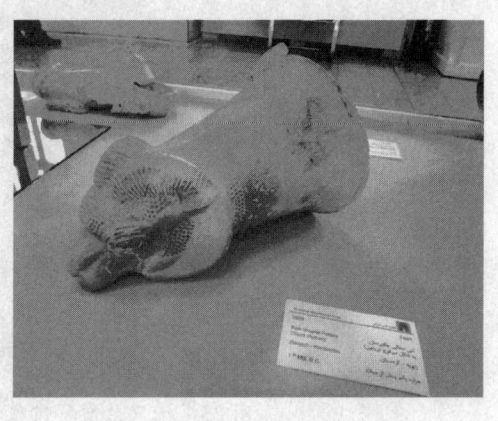

图20　德黑兰博物馆藏来通

图 21　德黑兰博物馆藏来通

图 22　德黑兰博物馆藏铜来通

图 23　德黑兰博物馆藏铜来通

件器物？因为在伊朗这种器物非常多，有各种材质的，石头的、铜的、陶的，流行的时代也比较长。我们中国曾经发现过一件，是在陕西西安南郊何家村出土的，非常精美，叫兽首玛瑙杯（图24）。关于这件器物有很多学者关注，也有争论，我认为它就是一件外来器物。也有人认为是中国人仿造的。还有人认为它是外来的，但它的制作时代要远远早于唐代，是唐代宫廷里面收藏

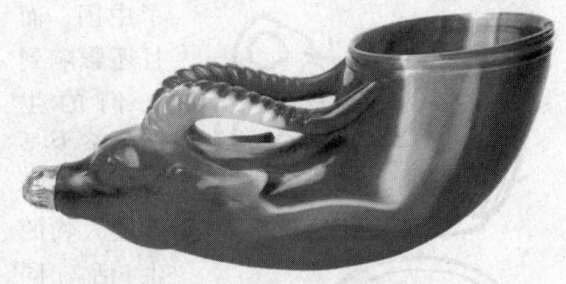

图24　西安何家村出土兽首玛瑙杯

的一个外国古董。我们经常听到有人说这是国宝级文物，其实文物定级中没有"国宝"这个词，有一级文物，当然一级文物里档次也不一样，像这件兽首玛瑙杯在陕西博物馆一级文物中非常独特，极为珍贵。这种器物显然和中国的传统文化没有关系，器物造型和中国人的生活习惯也没有关系。在西方，包括中亚、西亚和巴尔干半岛，不仅出土很多，还会看到一些图像，美国赛克勒考古与艺术博物馆保存一件萨珊的银来通（图25）。中国发现的这件兽首玛瑙杯，无论是输入还是仿制品，与外来

图25　美国赛克勒考古与艺术博物馆藏来通

文化有关是没有问题的。唐朝初年，一个叫李寿的高级贵族，他的墓葬的石椁上面雕刻的人物图像，就有一个人物手里拿着这种器物（图26），也就是说这种器物不仅仅传到

图26　唐李寿墓石刻

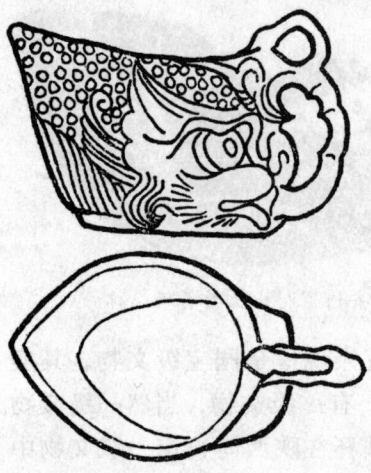

图27　河北沧县前营村唐墓出土的三彩杯

了中国，而且还影响到人们的生活，至少是影响到当时上层人物的生活。同时，我们在中国还能看到一些仿制品（图27、28、29），不用多解释，三彩是中国发明的，当时外国没有，当然是中国造的。细看也会发现，器物做了一些改造，底下的流口没有了，又把动物的口或鼻子作为把手，它的基本形态是来通，通改造成为中国式器物。为什么举出三彩的器物呢？因为不必怀疑不是中国制造的，无论是赶时髦作为一种摆设，还是使用，在三彩器中出现，就是外来文化对中国的影响。除此之外，何

图28　西安南郊唐墓出土的三彩杯

图29　湖北郧县唐李徽墓出土的三彩杯

家村还出土了椭圆形的玛瑙杯（图30、31），也是中亚和西亚流行的器物，伊朗德黑兰博物馆展柜里有非常相似的，不过是石头制作的，也有玛瑙一样的纹理（图32），从它制作的形态和外表效果上看，属于同一种类型的器物和审美倾向，所以何家村的长椭圆形的玛瑙杯也可能是外来的。

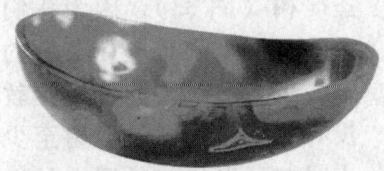图30　何家村出土的玛瑙长杯　　图31　何家村出土的玛瑙长杯

图32　德黑兰博物馆藏石头长杯

　　用文物探讨古代伊朗与中国的关系，是比较专业也比较枯燥的。下面我们回到现实生活中，到外国旅行，考察历史古迹文物是直接目的，但不可避免对现实生活有一种好奇，现实生活所看到的事情，也有助于理解古代社会。

　　德黑兰最主要的街道叫革命大道，革命大道尽头是自由门，是国王时代修的。世界各国都有纪念性的标志，中国习惯于建个纪念碑，但有些国家喜欢做门，像凯旋门等，这是不同文化的一种差异和传统。我们住的饭店在德黑兰饭店中相当不错，

图33　伊朗德黑兰饭店中的圣诞树

叫革命饭店，有人说伊朗很保守、很排外，其实也未必那么严重，我们的住处大概是"涉外饭店"，一进去之后我就注意到大厅里有一棵圣诞树（图33），因为我们去的时候刚刚是圣诞节后的第二天。圣诞树和伊斯兰教没有关系，这棵圣诞树至少表明在可以接待外国人的饭店里，不同的文化可以被接纳。

后来我们还参观过两座正在使用中的东正教的教堂，还有东正教的教徒在那里举行活动。不过在那里看到一张宗教宣传的海报很是特别，海报上画了一些人物，其中主要人物大概是耶稣，但面部完全被有意虚化（图34）。伊斯兰教没有偶像崇拜的，东正教可以，但是由于是在伊朗，所以也不得不入乡随俗。

图34　东正教堂前的海报

我一开始为什么要介绍一下伊朗的"白色革命"和"绿色革命"呢？因为30多年以前伊朗曾经是一个可以饮酒，女性甚至可以穿超短裙的开放时代，由于皇家主导的现代化在精神和文化建设中的失败，在宗教革命的洪流中，这些现象在大庭广众中彻底消失。很多地方都贴着标语和宣传画，不断提醒女性们对着装的注意（图35）。我们这次去伊朗的都是普通的教授，但"规格"非常高，那是因为考察成员中有中国第一位会波斯语、创立了中国第一个波斯语专业的叶奕良教授，还有现在是北京大学东语系波斯语教研室主任的王一丹教授，有关波斯语和伊朗的知识学问，他们是最高水平，我们十分幸运地能随时请教他们，请他们来做翻译。

图35　提醒女性着装的宣传画

　　不过王一丹和同样是研究伊朗学的段晴两位女性教授，也常常受到我们的监督。因为在伊朗除了一般的警察之外，还有一种叫绿色警察，数量更多。这种警察专门监管风俗，伊朗女性要扎头巾是必需的，即便是情侣也不许拉手拎臂，男女在一起说说笑笑也被视为不雅。尽管王一丹和段晴十分注意，可习惯使然头巾不小心还会脱落，其他人就会充当伊朗风俗警察的角色，严词正色地提醒之后，当然引来大家的笑声。伊朗对女性装束的要求，外国人常常不解，我们多日与导游在一起已经很熟悉了之后，就此问题请教他，这位导游常周游各国，他的回答很幽默：女性的肌肤和头发是最珍贵的，最珍贵的东西能随便让人看到吗？

女性爱美是天性，在伊朗会看到不少年轻女性烫头染发，因而在包裹头巾的时候故意露出一些展示出来，或者是使用鲜艳的头巾或戴上鲜艳的手套。我们还看到一位女性摄影记者，选择角度拍摄照片时，露出来黑色的拖地长袍里竟然穿着那种露膝的牛仔裤，这在中国和欧美也是时髦的，看来清规挡不住她们对美的追求。

说起对美的追求，我们可以再回到古代伊朗文物中的纹样装饰对中国的影响。在中国的考古发现中，曾经有联珠圈、水滴纹的装饰。所谓联珠圈就是由一个个圆形组成的图案，这种联珠圈的里面通常会有一个动物主题纹样。在中国曾发现以野猪头作为主题的织物，比较罕见（图36），联珠圈与野猪头的结合十分特殊，发现以后人们无法理解，后来有学者比较了伊朗相关文物，认为是从伊朗传到中国的，或者是中国为了出口到伊朗专门制造的，反正不管哪一种说法都和伊朗联系起来了。这一联系的确有道理，因为联珠圈纹确实产生、流行于伊朗，在萨珊王朝帝王狩猎图中帝王穿的袍上的纹样就是这样，其他遗物中也可以看到（图37），是在伊朗萨珊王朝很有代表性的纹样。

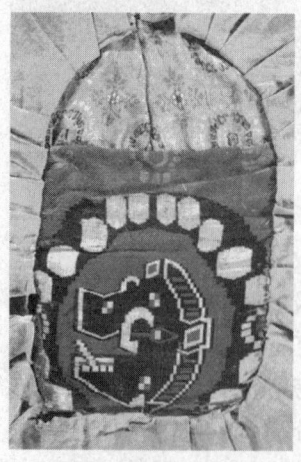

图36　唐代联珠猪头纹锦

图37　德黑兰博物馆藏石雕

如果以联珠圈意境的装饰作为标准，在中国出现在什么时候呢？就是南北朝到唐朝初年，也正是丝绸之路最为繁荣通畅的时期，后代虽然有，但只是一些很少的、零散的、偶然的现象。中国这种联珠纹在南北朝到唐朝初年流行起来后，联珠圈里边的动物常常是对鸟、对鸡，对鸭等等（图38、39），也就是说同样外

图38　唐代联珠对鸡纹锦

图39　唐代联珠对鸭纹锦

来的一种纹样传入中国之后，在中国又发生了一些改变。

　　这种联珠纹的锦在日本也发现了，日本法隆寺有个非常著名的狩猎纹锦（图40），四位骑者的形象如同萨珊的国王骑着一

图40　日本法隆寺藏狩猎纹锦

个带翼的马，然后射杀狮子。日本学者做过仔细的研究，他们比较了波斯萨珊银币上的国王头像，考证锦上的人物就是当时的库斯老二世，这是波斯萨珊王朝一个非常有名的国王，这个国王也是和中国来往最密切一位。日本学者还推断，这个锦是库斯老二世在中国定制的，中国当时制作的不只是一件，日本的这件是遣唐使带到日本的。总之它证明了丝绸之路上东西文化的交流中，中国还起到了向更远的地方传播伊朗文化的作用。

　　说起伊朗的历史文化，更早的还有波斯波利斯。波斯波利

斯这个地方非常著名，被列为世界文化遗产。波斯波利斯是个巨大的遗迹，保留着大量完美的雕刻（图41、42），也代表了伊朗早期的历史。当中国的孔子还没有出生的时候，波斯阿契美尼德王朝有一个国王叫大流士，他自称为是诸王之王，诸国之王，王中之王，每年都要接受它的属国的朝贡，并把这个宏大

图41 波斯波利斯遗址

图42 波斯波利斯遗址

的场面雕刻下来（图43、44）。也就是说，相当于中国的春秋时

图43　波斯波利斯遗址雕刻

图44　波斯波利斯遗址雕刻

期，伊朗已经诞生了一个庞大的波斯帝国，一些属国都要向他朝贡，进献各地的物产宝藏。可是就在这个时候，波斯帝国自己的东西却流入到了中国，这是非常有意义的事情。我可以从

图45　广州南越王墓出土波斯银盒

考古发现给大家举一些例子。比如一件银盒，是在广州西汉南越王的墓葬里出土的（图45），如果大家到广州南越王墓博物馆参观就能看到这件银盒，应该是波斯阿契美尼德王朝的遗物。学术圈里有点不同意见，有人认为可能晚一点，

典籍与文化 8

相当于安息时代，即帕提亚王朝的遗物。这些分歧问题不大，因为阿契美尼德王朝和安息王朝一脉相承。认为它来自于波斯

图46　德黑兰博物馆藏铜碗

图47　德黑兰博物馆藏铜碗

阿契美尼德王朝的证据更多一些，比如说在德黑兰博物馆里，这种凸起的、像水滴一样装饰的器物很多，金器上有，银器上有，铜器上也有（图46—50），所以它应该是波斯阿契美尼德王

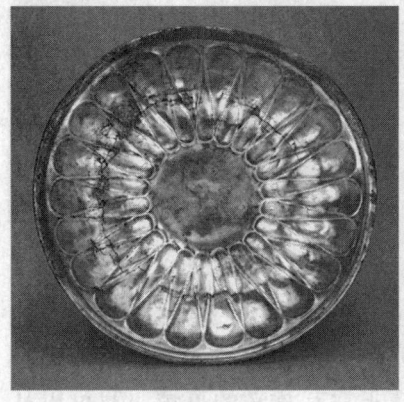

图48　波斯阿契美尼德王朝银盘

图49　波斯阿契美尼德王朝银盘

朝流行的装饰手法。过去在已经出版的书里没看到那么多，伊朗博物馆藏品令人更加相信，中国发现的这种水滴纹饰的银盒，来自于伊朗没有问题，更可能是来自阿契美尼德王朝。

图50　波斯阿契美尼德王朝金碗

令人奇异的是，中国发现这种银盒不止一件，最近这几年又在山东青州、安徽等地都有发现（图51），造型工艺几乎一样，都出土在相当于王室一级的墓葬里，时代最早的推测是战国早期，晚的到西汉中期。可不可以这样推测，波斯帝国兴盛的时候，无论是直接还是间接，他们的宝物就传到了中国，这些奇异的奢侈品受到皇室的珍视，被分发给诸王，所以才会在

图51　安徽巢湖市北山头一号墓出土银盒

很高级别的墓葬中发现。

有趣是，这种风格的器物传到中国之后出现了仿制品，用青铜制造，时代也相当于西汉时期，含铅比较多，所以它外边也像银的一样（图52）。更有趣是，波斯的银盒传到中国，人们在它上面加上了三个铜纽，底下又加上了一个铜座，原来是个盒，加上纽，加上座，像

图52　云南石寨山墓出土青铜盒

中国传统器物中的豆（图53），应该是中国人根据自己的使用习惯和审美习惯，对这种器物进行的改造，这就给我们带来一种启示，即外来的器物，或者是外来的文化，一般情况下都是经过一些改造之后，才能够融入到我们的生活。这是一种普遍的原则，道理并不复杂，晚些时候中

图53　山东西汉齐王墓出土银盒

国的青花瓷传到外国以后，他们为了使用上的习惯，也做了一些改造，如在碗上加双耳，在壶上安把手等等。这是一个很有趣的文化现象。

研究历史很多都是通过文献，以古书为依据。考古是用实物来说话，但是器物不像文字，不能直接述说，需要进行多方面的解读。当时人留下的遗物可能蕴含的信息更多，造型可能和生活方式有关系，纹样可能与人的思想观念有关，制作技术与当时的科学技术发展有关。所以，如果去对器物进行详细分析，就能够找到很多可以说的内容。

张骞通西域之后，中国人开始明确知道了原来在我们的西方还有大宛、康居、月氏、大夏等等，再晚一点又知道了有安息、身毒等各个国家。中国逐渐从"普天之下莫非王土"这样的一个传统的政治地域概念中解脱，开始放眼世界。人们评估

张骞通西域这一事件时，常常说是开启了丝绸之路。实际上张骞通西域的意义，是开启了中国和外国政府层面的正式往来而已。考古发现表明，在此以前的中西交流已经很多，中国发现的那些波斯银盒的时代，张骞通西域还没有发生。通过我列举的那些器物，大家可以想象一下，那些神奇的外来器物，一定会激发人们对外部世界了解的渴望。

人们最初常常是通过商品、器物来知道另外的世界，小小的器物也会改变了人的思想观念。笼罩在"普天之下莫非王土"思维习惯中的人们，通过器物了解到外部世界，自然会促进交流。另一边的世界也是如此，后来当中国的使者到波斯安息帝国时，他们组织了两万人的盛大欢迎场面，这是人们经常根据文献提到的事情。

在伊朗的历史上，前面我们说到阿契美尼德王朝，接下来是安息王朝，再下面就是萨珊王朝，也就是当它灭亡时，王子逃到中国的那个王朝。这个王朝与中国的交往更加紧密更加具体了。

我谈波斯萨珊和中国之间的来往，当然还是要说实物，说艺术品，说奢侈品。前面提到过玻璃器，现在要说银器，这是对中国产生极大影响的手工业，也伴随着文化的传播。

图 54　封和突墓出土银盘

首先我举一件在山西大同出土的银盘。北魏时期一个叫封和突的人，他死后的墓葬里面出土了一件让人意想不到银盘（图 54），这个银盘中间有一个狩猎者，拿着长矛刺向了一只野猪，旁边还有一些芦苇。几乎不用考证，一眼望去就是波斯萨珊的遗物。因为波斯萨珊有很多类似的银盘，收藏在世界各个国家的博物馆里，俄罗斯收藏的最多。非常遗憾，世界上现存的波斯萨珊王朝的这类银盘，包括伊朗本土的收藏，几乎都没有经过科学发掘出来的。没有准确的出土地点和器物组合，没有相对准确的时代，在研究上的价值大大降低。中国的封和突墓有墓志，墓志上记载了他死在 501 年，那么这件银盘制造年代的下限不会在 501 年以后，有明确纪年的墓葬里出土了一件波斯萨珊王朝的银盘，这可是一个重要的发现。

山西大同封和突墓出土的银盘是在中国北部，中国南部的广东遂溪县曾经发现一个窖藏，出土了凸起的、锤揲纹样的银碗，大概也是属于波斯的器物。

波斯萨珊王朝的器物传到中国是个很重要的历史事件。为什么重要呢？因为伊朗对世界金银器制造有独特的贡献。我们中国古代金银器的发展可以分为三个大的时期，第一个是唐代以前，第二个是唐代，第三个是唐代以后。唐代以前中国的金银器的制造不如西方，不如中亚，不如西亚，也不如欧洲。中国有很好的青铜器，有很好的瓷器，但是早期金银器的制造不行，但是唐代突然间爆发式地出现了一个高潮。为什么会这样？原因有很多，原因之一就是丝绸之路的开通，外国的器物传入对中国产生的影响，而影响最大的就是波斯萨珊王朝。

伊朗人对金银制造有独特的贡献，似乎有它的历史必然。大家知道伊朗是一个盛产石油的国家，盛产石油的地方就有天然的沥青。沥青是一种特殊的物质，它可以是液态的，也可以是半固态的，还可以是固态的，抗裂、耐久，还有弹性。古代伊朗人发现了沥青这种不软不硬的特质，很早就用沥青直接制造器物（图 55）。掌握了沥青的特性，后来发挥到金银手工业的制造中，利用这种材料作为底模，来锤揲、錾刻金银材料为器物。底模用橡皮泥类的物质太软，用石头类的又太硬，可软

图 55　德黑兰博物馆藏沥青器物

可硬的沥青是最好的选择，而伊朗恰好有天然沥青，他们的锤鐷技术在伊朗得到了发展，当时的中国还做不到这一点。

锤鐷技术就是把银皮放在沥青上，锤出需要的器物的形态，再锤出器物主体纹样的轮廓，然后再做细部纹样的錾刻。这在金银工艺中是最为重要的技术，金和银如果像铜器一样铸造，太笨太奢侈，而中国最初的金银器皿制造恰恰采用本土精湛的铸造工艺。波斯萨珊以及中亚粟特的金银器通过丝绸之路传入到中国，甚至可能有工匠来到中国，金银锤鐷技术便突然兴盛起来，于是唐代金银器迅速发展。

有幸的是，现在伊朗仍能看到这种古老工艺的延续。伊朗的伊斯法罕现在依然是伊朗的手工业制造中心，也是集散地，那里还保持着各种传统的手工业，目前是做各种工艺品和旅游纪念品。其中很重要的一类就是金银器制造，祖祖辈辈相传的工匠还延续着波斯萨珊人的传统工艺。我在伊斯法罕目睹了那些制造银器的场面，那些手工工匠的店铺很传统，前面一间卖作品，后面一间

图56　伊斯法罕的工匠

制作，有的只有一间屋子，边做边卖，所以能够看到制造的全过程。他们还是用传统的方法以沥青作为底模，上面放上银片锤鐷（图56）。我拍了很多照片仍觉得不满足，后来干脆大胆地闯进一个小店，伊朗的工匠很热情，甚至同意我尝试

图57　伊斯法罕的金银工艺

操作的要求。于是我就拿起锤子、錾子试着做了几下（图57），感受一下沥青和银片之间制作时的手感及其难易程度。伊朗工匠不知道我的目的，以为只是好奇。但是对我来说，难得在波斯萨珊的故土上，亲手感知古老的金银制造的工艺，因为正是这种技术曾经传入到中国。这对研究中国古代器物很有帮助的。

得益于丝绸之路的通畅繁荣，得益于波斯萨珊以及中亚等地金银工艺的传入，唐代金银器制造迎来了高峰，产品不比世界任何国家的差，至少出现了自己的特色，这一飞跃式的发展，原因之一就是波斯萨珊技术的影响。通过技术传播、器物制造，也伴随着文化的交流，中国出现了一些模仿波斯萨珊的器物，

图58　德黑兰博物馆藏鎏金银长杯

多曲长杯就是一种。多曲长杯是花口椭圆形，杯的内壁有凸棱，不是光滑的，中国传统器物中根本没有，可是在波斯萨珊器物中常见（图58）。中国曾经模仿制造过多曲长杯，器型保持原来的样子，纹样改变了，因为像波斯萨珊器物上那种裸体人物的形象不符合中国人的礼仪，不符合于中国人的审

美，所以模仿了它的造型，而采用自己的纹样（图59），这是一种改造。唐代壁画中，能看到手拿多曲长杯的人

图59　日本白鹤美术馆藏唐代银长杯

物（图60），说明也影响到中国人的生活。多曲长杯在中国已经出土过，也出现过仿制品。仿制品在最后发生了变化，变成了内部比较光滑的花口器物。可见中国在接受外来文化时，经过不断的改造，使它逐渐符合自己的欣赏习惯和使用习惯，只有这样才能拥有生命力，能够得到持续发展，在中国站得住脚。多曲长杯在中国的演变正是文化交流融合的一个例证。

对于异域纹样方面的吸收，可能涉及思想观念和审美情趣。

唐代金银器上出现一种圆形徽章式的纹样（图61、62），这种纹样原本来自波斯萨珊，如果对中国艺术史有了解就会知道，在中国的传统的纹样中没有，但是在唐代就出现了很多，虽然圆形纹样设计与器物本身造型有关，但是这种纹样还是比较特殊，在圆形徽章式轮廓里边有犀牛，还有带翼的狮子、带翼的鹿等等，这在波斯艺术当中是很常见的，唐代多种器物采用这种方式，似乎像一种文化符号，反映了波斯萨珊艺术对中国的影响。

图60　唐李寿墓石椁线刻人物手捧多曲杯

下面再谈另外一个问题，就是祆教与中国文化，这是一个很大很深奥的问题。我只能谈些具体的，当然还是以视觉形象为主。中国的《新唐书·李暠传》有一段记载，说当时太原有种习俗，人死了以后不埋葬，把尸体放到"黄坑"里，让鸟兽吃掉，这里的恶狗很多，吃人的尸体，也成为当地一种祸患，长期以

图61　何家村出土鎏金双狮纹银碗　　图62　何家村出土鎏金飞狮纹银盒

来没有办法。后来政府派了李暠做地方官，他把这些狗捕杀了，改掉了这种恶习。唐书里记载的这种独特的葬俗是什么呢？前些年在太原有一个很重要的发现，就是隋代虞弘墓，这个墓葬

168

的发现被称为一次学界的地震，可见影响是很大的。主要是因为墓葬里面有一个汉白玉的石椁，石椁上面雕刻着一些图像，其中很多内容此前从来没有见过，引起了中国和世界很多国家学者关注，我只是给大家介绍一下结论。其中有些图像和祆教

有关，比如人首鸟身，还戴一个口罩在火坛旁边的形象（图63），毫无疑问和祆教有关，祆教也叫拜火

图63 虞弘墓石刻图像

教，要在火坛边进行祭祀活动。其他图像中还有人骑着骆驼或象在猎杀狮子，骑骆驼猎杀狮子（图64、65），在波斯萨珊银盘

图64 虞弘墓石刻图像

图65 虞弘墓石刻图像

里出现过（图66、67）。中国古代有骆驼没有狮子，也不可能骑骆驼猎杀狮子。而且骑的是单峰骆驼，骆驼有两种，一种单峰、

图66　人物骑骆驼纹萨珊银盘　　图67　帝王搏杀狮子纹萨珊银盘

一种双峰，双峰骆驼主要在中国西北和中亚生存，再往西去，阿拉伯地区有单峰骆驼，这是两个不同的种类。因为中国没有单峰骆驼，在古代图像中出现显然和外来文化有关。骑象和狮子进行搏斗，也不可能出现在隋代北方地区，骑者形象特别像波斯帝王。学者们都认为是反映了祆教文化和西方文化，不少学者将之与中亚粟特人联系在一起，甚至认为反映了在华粟特人在中国的生活。我认为基本结论即反映了祆教文化和西方文化没有问题。但不是粟特文化而是波斯文化的内容，更不是当时来华外国人现实生活的反映。因为在山西太原这个地区没有狮子，古代和现代都没有，相当于隋代前后大概也没有象。骑着大象跟狮子搏斗，骑着骆驼猎杀狮子，绝无可能是当时人的现实生活。这些图像是一种符号，是一种观念，应该是波斯祆教文化的内容，反映的是虞弘及其生前生活的群体的信仰，他们信奉的祆教中，有骑象跟狮子搏斗，骑着骆驼与狮子搏斗的

图68　虞弘墓石刻图像

170

图 69　虞弘墓石刻图像

图 70　虞弘墓石椁上的狮人搏斗图

故事，体现祆教教义中的善恶之争，出现在图像中，反映的只是一种理想、信仰。带翼的马和狮子、狮子与牛、人与狮子的搏斗（图 68、69、70），与中国文化没关，甚至有人物的剑刺到了狮子身上，而狮子把他的头全给吞了这种非常惨烈的场面，这在波斯早期文化里就可以见得到（图 71），所以我说这些都是和波斯文化有关。

伊朗在阿拉伯人到来以后把祆教就给废除了，祆教逐渐向印度和中国方面移动，这是教科书上的说法。其实在此之前，祆教就伴随着波斯人来到中国，虞弘就是生活在北朝到隋代的人。就是说在阿拉伯人灭掉波斯萨珊王朝以前，祆教

图 71　波斯波利斯宫殿狮子袭击牡牛图

171

就已经东传了。《新唐书》里记载的"太原旧俗",说明当时当地有信奉祆教的群体。

　　不过虞弘已经很大程度上接受了汉文化,他死后采用中国式的埋葬方法,与祆教有关的图像只是出现在中国传统建筑样式的石椁上。真正的祆教徒死后的处理办法是用天葬,有专门的天葬台。因为祆教认为水、火、土都是神圣的,人死后尸体不能污染这些神圣的东西,所以要在神职人员的带领下把尸体放到天葬台上,让鸟兽把尸体的肉吃掉,再把遗骨放在一个纳骨器里。中国文献里说的"黄坑"就是祆教处理尸体的场所,究竟会是什么样子?在伊朗现在还有保存,非常难得一见。我们在伊朗看到两个天葬台,天葬台下面还有进行宗教活动,或丧葬活动的一些建筑。天葬台圆形,有围墙,坐落在山顶上,内部直径大概50米左右,中间有个大坑(图72)。当地还有人信奉祆教,一位87岁信奉祆教的老人,经常出现在这个地方,据说去伊朗参观这个天葬台的很多人都见过这位非常虔诚的祆教徒。

图72　亚兹德的天葬台

　　祆教的遗迹在伊朗还能看到一些蛛丝马迹,有的古老的清真寺是八角形的,显然是利用了原有的祆教寺庙。目前伊朗的

图73　亚兹德的祆教寺院

亚兹德地区，现在还有一个村子的人多年来一直抗拒着信奉伊斯兰教，坚持燃烧着祆教的圣火，成为世界上极少国家极少地区当中极少的人群。我们参观了一个祆教的寺院（图73），这种世界上罕见的寺院外表已经有点清真寺的风格了，然而在它

的内部展示了很多和祆教有关的文件，寺内一面墙壁用玻璃封着，透过玻璃可见里面有一个火坛，还在燃烧着熊熊的圣火（图74）。祆教崇拜的圣火是不能熄灭的，即便在打仗时失败，也要一边撤退，一边保护着火种。按照当地祆教徒的说法，这里的圣火是已经燃烧了两千多年的火种。

在亚兹德这个古老的城市，它的街心广场上修建了一个喷泉，喷泉旁有一组拿

图74　亚兹德的寺院中的祆教圣火

图75　亚兹德市中心的雕像

着水袋和碗汲水的人的雕像（图75），与中国唐代的胡人俑极为相似，尽管时代、地区跨度很大，却是同一种文化习俗的写照。亚兹德的地理环境与中国新疆非常相似，也是丝绸之路上的要道，现代的雕塑带有古老的传统，显示着当年丝绸之路中转站的历史风貌，这些汲水的人很容易令人联想到出土的一些唐代的传播着东西文化的抱壶、提壶背包的胡人俑（图76）。

图76　唐代胡人提壶背包俑

伊朗考察给我们带来很多感慨，最后我想用古代伊朗著名诗人哈菲兹的诗句作为结语。哈菲兹是伊朗伟大的诗人，他的著作被称为波斯

174

图77 伊朗诗人哈菲兹墓

文学的典范，在伊朗的定位仅次于《可兰经》，几乎所有的伊朗人都读过他的诗，是一位在伊朗人心目中非常崇高的人物，在世界的影响也很大。如今被称为"玫瑰和夜莺之城"的设拉子，保存着他的陵墓，周围开辟了一个很大的公园。他的墓用精美的雪花石建造，上面雕刻着他的诗句。在这里经常可以看到这种场景：很多伊朗人去了之后都跪在那里，抚摸着石棺默诵他的诗句（图77）。

哈菲兹在《我已知道如此之多》一诗中写道：

> 我已知道如此之多，
> 我无法再把自己称作
> 一个基督徒、印度教徒、穆斯林、佛教徒或犹太教徒。

又在《你会不会觉得奇怪》一诗中说：

> 我与每一座教堂，
> 每一座清真寺，
> 每一座庙宇，
> 每一座神殿相爱。
> 因为我知道在这些地方，
> 人们用不同的名字，
> 称呼同一个神。

为什么用这两首诗作为结语呢？因为我今天讲的主题叫做"互信与交流"。哈菲兹具有自由的灵魂，他领悟到了宗教的本质、神的本质和人类的本质，目光超越了门派之见，看到了更高更远的一种景象。

　　偏见和误解，会导致误判。深深卷入全球化进程中的很多国家彼此联系、相互依存。如果出现军战和商战，爆发危机后，世界舞台要上演的将是一场没有赢家的悲剧，留下的不会是人类的进步，而是文明的失败。美国的炮舰不大可能征服伊朗人的心灵，波斯人的后裔如何突围也难指望再度出现居鲁士、大流士。拿破仑说：这世界上只有两种力量，一种是剑，一种是思想，而思想最终战胜剑。

　　好，今天我就讲到这里，谢谢大家。

尚　刚

织金锦与青花瓷
——多元文化中的元代工艺美术

　　尚刚　1952 年出生于北京。先后考入黑龙江大学中文系、中央工艺美术学院史论系，现为清华大学美术学院教授。从事中国工艺美术史教学和研究 30 年，对元代和隋唐着力较多。发表学术文章约 50 余篇，出版《唐代工艺美术史》《元代工艺美术史》《隋唐五代工艺美术史》《中国工艺美术史新编》《天工开物：古代工艺美术》《林泉丘壑：中国古代的画家与绘事》等著作。

我是研究中国艺术史的，虽然也去了伊朗，但了解还是有限，所以不敢讲伊朗、讲波斯。我对元代的工艺美术有些熟悉，幸亏其中也包含了波斯因素，能让我勉强扣题，于是就准备了这么一个题目。

元代社会多种文化并存，藏传佛教文化、基督教文化和高丽文化都有重要的地位，对工艺美术都有很大影响，但更重要的是蒙古族文化、伊斯兰文化和汉族传统文化。在很大程度上，元代工艺美术就是它们碰撞、融合的结晶。我觉得，在当年的工艺美术品里，最有代表性的有两种，一个是织金锦，一个是青花瓷。它们的风貌和演进集中体现了这三种文化的交流。如果想了解元代工艺美术，认识了织金锦，认识了青花瓷，就抓住了精髓。

图1　成吉思汗像　　　　图2　忽必烈像

说蒙古族文化和汉族传统文化当年影响重大，人们不会诧异，毕竟是蒙古族建立的中国王朝。能够引发诧异的，应当是伊斯兰文明。为什么还有它？这和当年的政治背景有关系，特别是蒙古早年的西征，对大力吸收以波斯为中心的伊斯兰文明有重要的作用。

在灭西夏、灭金、灭南宋以前，蒙古人就开始了西征。

1218 年，中亚的花剌子模王朝残杀了蒙古的商队使团，招来了成吉思汗的报复。在 1219—1225 年间，蒙古军横扫中亚与其周边的广大地区。这次西征对元代的工艺美术，甚至社会文明影响深远。那时，蒙古族刚刚崛起，混沌初开，以这样的文化状态，若接受南宋那么含蓄、那么优雅、那么精妙的艺术，还难以设想。但是，伊斯兰世界手工艺品的那种张扬、精丽、华贵，很快就让他们亲近、让他们痴迷。所以，在蒙古时代早期，伊斯兰文化就发挥了重要的作用。以后，还有两次西征，助长了伊斯兰风格的深入和蔓延。

说到蒙古人对伊斯兰文化的重视，可以举出一些例子。比如第二代大汗窝阔台做过一次重要的比较，把伊斯兰世界的佳品和中国的劣货摆在一起，以此来证明伊斯兰产品比中国的水平高。到忽必烈时代，中央政府设立了一批伊斯兰文化机构，比如说，回回司天监、回回国子监，还有广惠司、常和署等等。并且在那个时候，以穆斯林为主的色目人的政治、经济、文化地位都很高，官僚可以从政治的角度，推动伊斯兰文化的传播，商人能从贸易的角度，推动伊斯兰产品的普及。

蒙古时代的很多礼仪是按照旧风俗制定的，《元史·祭祀志》里，有几则关于"国俗旧礼"的专门记述。大汗的丧葬虽然也在"国俗旧礼"的范围，不过，葬具大量用纳石失做装饰、做铺陈、做遮蔽。纳石失就是典型的伊斯兰产品，我们一会儿要说到织金锦，就主要讲纳石失。在蒙古帝后周围，有大量的伊斯兰产品，比如说宝石、毛织物、服装。

当时，伊斯兰名品不仅充斥着宫廷，社会上也流行。引出了汉族士大夫的大量描述，周密称赞回回金错刀，吴莱颂扬西方玻璃器、大食瓶。出自士大夫的美誉具有特殊的意义。因为他们历来看重夷夏之防，时常抵制外来文明，可是在当年，外来文明太多，风头太劲，士大夫的文化态度也有改变。

产品仅凭输入，数量毕竟有限，不能满足需求。于是，政府又依靠穆斯林工匠设立了大批的作坊，制作正宗嫡传的西方产品，比如说纳石失、撒答剌欺。此外还有回回的毛织品、镔铁器。撒答剌欺是一种原产中亚的传统织锦，和纳石失的主要区别是织金与否。纳石失织金，典型的撒答剌欺不织金，属于彩丝锦。丝绸史家总把撒答剌欺写成赞丹尼奇，这是来自现代

180

英语的音译。错了！因为《元典章》的写法是撒答刺期、《元史》是撒答刺欺。按历史学的规范，名词应该遵从古人，不能另起炉灶、标新立异。《元典章》文字糟糕，俗字、白字太多，因此沿用《元史》的写法更好。

当年，如果产品能够和西方相似，主管官员还可以获得升迁。比如弘州的一个匠官因为把毛布织得像西锦，就被忽必烈提拔为知州。就好比如今的一个国有工厂的领导摇身一变，成了当地的首长，做上"百里侯"，而原因不过是产品可人。统治者对西方产品的喜爱程度由此可以想见。弘州在今天的河北阳原，当年聚集了大批的穆斯林织工，有多所归属中央的官府作坊。至于西锦，大约就是撒答刺欺的意译。

元代工艺美术所受的西方影响，一方面体现在热衷生产西式产品，另一方面反映于许多中国产品的装饰取法西方。繁密是当年装饰的突出特点，这在宋金艺术里找不到源头，但是与西方很接近，我相信，这受的就是伊斯兰世界的影响。当然，还使用回回的材料，比如青花瓷，它的图案用钴料绘画，文献里的"回回青"应该就是绘制那些典型作品的青料。

西征的一个重要战果和我们的议题有大关联，就是从中亚掳掠来成千上万的穆斯林工匠，这在几种波斯史书上都有记载。元代许多的伊斯兰风作品主要是靠他们生产，或者由他们指导制作。

宋人总怀抱着收复北方失土的豪情，可惜自己又不争气，只好常常算盘着联合更北的强盛部族，去消灭占领他们土地的政权。南宋后期，在金朝的北方，蒙古人崛起了，南宋就希望联手蒙古，南北夹击，灭掉金朝。要联手，先得通使，这样就有一些使团前往蒙古高原，使者回来后，会留下一些记录，《黑鞑事略》是其中很重要的一种。对于讨论工艺美术，书里说的一个情况很有启发：蒙古人以前比较愚昧，手工业什么都没有，在养牲口以外，几乎没有产品。他们太粗朴，没有手工业技能，只会用白木做马鞍，用羊皮做鞍鞴，用木头做马镫，用骨头做箭镞，因为没有铁。以后征服了中亚，才有了物产、有了工匠、有了器具，因为回族人的技艺很高，攻城器械尤其精妙。最后一句话是，后来灭掉金朝，"百工之事，于是大备"。由此可知，回族工匠的巨大作用早被南宋人注意到了。说元代工艺美术里三种文化并存，这是最集中、最明白的史料线索。

刚才介绍的是大背景，以下说品种。先说织金锦。

当年的织金锦有两种，一种叫纳石失，是主导，再一种叫金段子。何谓纳石失？《元史·舆服志》的注文是"金锦也"。这是个音译词，应该译自波斯语。由于是音译，所以当年有多种汉字的异写，如纳失失、纳什失、纳赤思、纳阇赤、纳奇锡、纳赤惕、纳瑟瑟。它在中国流行的时期，主要在元代。

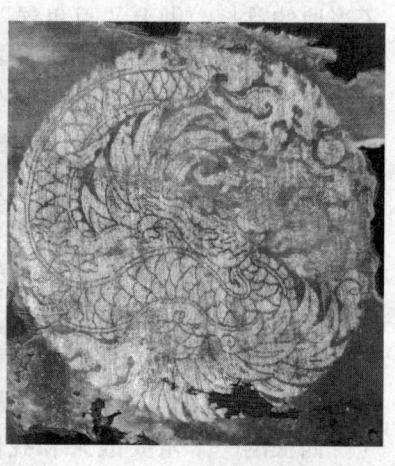

图3　对格里芬纹纳石失　　　　图4　鱼龙纹金段子

按照已有的知识，当年中国织造纳石失的作坊，都归中央政府管理。现在我们掌握的大概有五处，其中工部大概有三处，储政院有两处。我们的问题首先是，为什么分明在本土织作，却起了个洋名字？这应该从匠户是些什么人、产品是什么样子入手分析。

先说匠户的民族成分。归属工部的局院大概有三个，能够认定两个。一个在弘州，这里有纳石失毛段二局，其中织造纳石失的，按照《元史·镇海传》的记载，是西域织金绮纹工三百余户。就是从中亚迁来的穆斯林。再一个是别失八里局，它"织造御用领袖纳失失等段匹"。关于它的匠户来源、设置地点，《元史·百官志》没有记载，但是《永乐大典》局字韵说得清楚：它设在大都，工匠来自别失八里。别失八里在今天的新疆吉木萨尔，曾经是高昌回鹘的夏都，这里当年虽然还没有信奉伊斯兰教，不过，和中亚地域接近，而且种族往往相同，所以受伊斯兰文化的濡染比较深。第三、第四个局院是储政院系统的弘州、荨麻林纳石失局，按《永乐大典》局字韵的记录，这两个局院都由中亚人主事。

　　以上四个局院肯定织造纳石失，还有一个是可能织造的。《元史·百官志》记载了两个别失八里局，第一个，刚刚说过。对于第二个，记录只有三个字"官一员"。但是，从《元史·百官志》记载的顺序分析，这个局院的位置插在中书省的织染局院中间，所以，应该也织丝绸，应该也设在中书省。如果参照那个同名的别失八里局的情况，它的匠户应当也来自别失八里，织的也该是纳石失。

　　通过分析这四个肯定的局院，一个可能的局院，我们知道，至少弘州和荨麻林的三个局院是以回族匠户为主导的。别失八里应与伊斯兰文化亲缘较多。我们马上还要证明，纳石失的技术、艺术起码保留了比较多的伊斯兰风格，是西方世界的正宗嫡传。由于这些缘故，所以它尽管在中国制造，却仍然保留了在西方的名称。

　　当年的织金锦，除纳石失以外，还有金段子。它们怎么区别？先说四点。一是匠户，纳石失至少以回族人为主，金段子以汉族为主。二是生产，纳石失作坊都是中央性的官府局院，金段子官府织，民间也造，因为金段子在市面上可以买到，至少其中的大部分是民间产品。三是产量，由于纳石失局院比较少，所以产量比较低，金段子由于生产者比较多，所以产量也比较高。四是等级，纳石失是当年最尊贵的织物，占有者主要是上层人物，而金段子，只要有钱就能买到，所以有地位、有钱的人都可以拥有。

　　以上是藏在实物背后的隐性差别。纳石失和金段子还有显性差别，这指能从实物分析出的技术、艺术的不同。先要做个说明，在那个文化大交流的时代，各种借鉴都会发生，所以显性差别应该只表现于典型的作品。显性差别我们也主要说四个。

　　第一个是纬线的成分。西方人有过记录，说根据所含棉纬的多寡，伊斯兰纳石失有不同的名称。中国的纳石失由于采用西方的技术，所以纬线里也经常含有棉纬。中国人更看重质料的纯粹，所以金段子应当不含棉纬，纬线都是蚕丝的。

　　再一个是金箔的附丽物。虽说叫织金锦，但黄金不能上机。要把金箔黏贴在薄皮或者薄纸上，然后裁割成很窄很长的片儿，直接用它织花纹，或者把这种小片再捻成圆的，用它织花纹。从文献看，纳石失的金线是将金箔粘在薄皮上的，金段子的金线既可以把金粉贴在薄皮上，还能够贴在皮纸上。当年有一本朝鲜的汉语教科书，叫《朴通事》，它的写法特别先进，大量采用了现代外语教学的情景对话体。书里有这样的情节：一个汉子要出远门，就找到和他相好的女子，请她做一套护膝，那女子要他自己去买些材料，还特意嘱咐要买皮金的，别买纸金的。市面上能买到的，以金段子的可能性更大。这样我们就知道，当年的金段子应该既有皮金的，还有纸金的。当年，大概也只有中国能造出柔韧得可以织造的纸。明清以至今天，织金锦一般也用纸金线。

第三个是幅面的宽窄。一般来说，西方的丝绸，特别是锦，普遍比我们的宽，这种情况从南北朝就开始了，元代时情形依旧。关于纳石失的幅面，当年有记录，而且今天还有实物可以对证。有一本书，叫做《鲁布鲁乞东游记》，是一位法国传教士来中国后做的记录，他说在蒙古高原上看到了纳石失床单。床单不是褥单，要比床宽，按现在的规格比算，应该不低于四尺。内蒙古也出土过宽在一米以上的织金丝绸，而且装饰着西方花纹，显然属于纳石失，所以纳石失一般比较宽。按照当时的一般织物，金段子的宽度在一尺四寸到两尺之间，当年的一尺相当于现在的40厘米左右。

最后是图案面貌。纳石失比较多地采用了西方样式，金段子比较多地沿袭了汉地风格。这幅图片就是纳石失（图5）。纳石失的洋，从图案就能看明白。辨认风格，主要看装饰主题。这幅作品的装饰主题是两只对称的鹦鹉。在元代，如果对称采用这种头对头、背靠背的方式，都是西方式样。图案里的一些小花纹也有浓郁的伊斯兰风。在早期伊斯兰艺术里，动物纹样和人物纹样都不太发达，以后情况有了变化。始终发达的一个是文字装

图5 对鹦鹉纹纳石失

饰，一个是几何形，再一个是细巧的花卉纹，鹦鹉周边就密布花卉。鹦鹉中间是拜达姆，它现在仍被伊斯兰艺术大量采用，比如在新疆。更洋的表现在鹦鹉翅膀的上端，这里有个圆形装饰，里面用波斯文织出了工匠的姓名。洋归洋，但中西合璧在所难免，比如龙纹也出现在图案上。

当然，纳石失和金段子的织法也会不同，但这个问题过于技术化，不说了。

这幅图拍自一顶风帽（图6），面料被判断为纳石失，装饰主题是对鹰，蒙古上层和西方的穆斯林贵族都爱养鹰，用它捕猎。

这片对鹦鹉纹的纳石失（图7）是人家送给我的。我写过一本《元代工艺美术史》，印得比较少，还大多被我用它的稿费买走了，所以市面上马上就没有了。有些做古董生意的人需要，只好

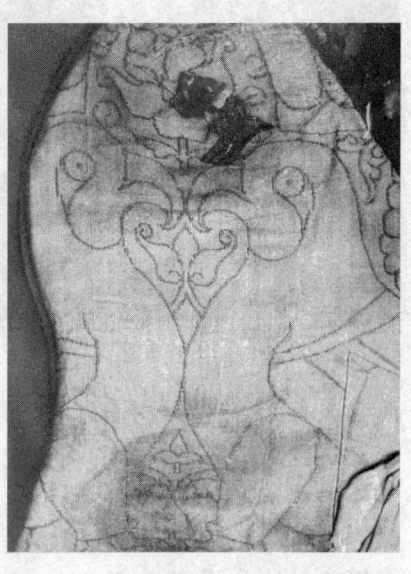

图6　对鹰纹锦

通过朋友跟我淘换，他们送了些纳石失，其中包括它。鹦鹉纹是当年常见的纳石失图案，不仅能见到多种实物，还几次在台北"故宫"收藏的皇后御容上出现，是袍服领口的装饰。

这是在内蒙古达茂旗出土的一片锦，被专家判断为纳石失，图案是文字（图

图7　对鹦鹉纹纳石失

图 8　异文锦

8）。世界上，有两个地区可以靠书法过幸福生活，一个是以中国为代表的东北亚，再一个就是伊斯兰世界。他们的文字装饰很发达，发达到很多装饰纯由文字组成，而这些文字却不能辨识。不管含义有无，只要好看就行。

这也是带文字装饰的纳石失（图 9）。交流总是双向的，在当年蒙古族统治的广大地域，纳石失也要受到中国的影响。比如说文字下方，就有中国典型的龙纹图案，还做装饰主题。

这张是复原摹绘图，出自伦敦维多利亚和阿尔伯特博物馆的一小片纳石失（图 10）。图案里，我们熟悉的纹样只有下方的双狮戏球，其他都很洋。有拜达姆，还有新月。新月是一种很典型的伊斯兰图案，如果留心就会发现，今天伊斯兰教国家的国旗，一般都用新月纹。左下角的纹样我们似曾相识，好像是宝相花，可里边又填

图 9　团龙纹纳石失

图 10 双狮戏球纹纳石失

着波斯文的工匠姓名。

这幅图挺有意思，是蒙古时代的大袍子（图 11），叫做"辫线袍"，所谓辫线，指腰间的细褶。袍的里料装饰着头对头、背靠背对称的狮身人面像，还长着翅膀（图 12）。这种图案跟中国毫无关系，当年却在伊朗一带风靡，丝绸、铜器、陶器等等都爱用它做装饰。西方学者甚至说，以波斯为中心，从中亚一直到欧亚草原西段，它都很流行，以致很难判断是什么时候、哪个地区制作的。

图 11 辫线袍

图 12 对狮身人面纹纳石失

这幅是一件纳石失辫线袍的袍面图案，装饰主题是鸟兽合一的花纹（图 13），即西方传统的格里芬。格里芬被团窠包围，团窠上也有伊斯兰文字，仍然不可辨识。

图13　对格里芬纹纳石失　　　　图14　开光缠枝莲纹纳石失花纹摹绘图

图15　人像纹纳石失花纹摹绘图

图16　缂丝大威德金刚曼荼罗

　　这两片是在新疆盐湖出土的（图14、15），可能是别失八里产品。现在对纳石失很少做过比较细致的材料分析，这两片做过，它们的纬线都含棉线。

　　纳石失不仅大量用作服装面料、里料，还经常用作装饰，最常见的就是领和袖的装饰。领口装饰，在皇后画像上见到的比较多，但是袖口装饰，只在这幅缂丝大威德金刚曼荼罗（图16）出现。它藏在纽约大都会博物馆里，应该是现存最重要的元代文物之一了。织造很精美，尺幅很大，更重要的是在下端的左右角，各织出一组供养人。左边是明宗、文宗兄弟，右边是他们的皇后。特别是元明宗的相貌，如今只在这幅缂丝上留存。

图17　缂丝大威德金刚曼荼罗之元文宗后卜答失里像

元明宗的肖像固然珍稀，但与纳石失无关，有关的是两个皇后的肖像，在文宗皇后卜答失里的肖像上（图17），可见袖口纳石失的形象。别失八里局“织造御用领袖纳失失等段匹”，领袖纳石失是什么样子，看这里就全明白了。还有，这个“御用”原来只针对女性，没有皇上的事儿。

这是忽必烈皇后的御容（图18），领口的纳石失有鸟纹图案（图19），这个图案当年很流行。现在，元代的皇后御容被台北“故宫”珍藏了15幅，有四幅的领口纳石失采用这个鸟纹图案。

图18　元世祖后像

图19　御用领袖纳石失图案（元世祖后像局部）

说过纳石失，再谈金段子。金段子采用汉地的织造技术，图案往往也是中国传统的。龙凤图案出现很多，特别是团龙。

春水题材（图20）表现契丹、女真等北方民族捕猎的一个场景。春猎，他们主要用海东青捕捉天鹅，或者钓鱼，于是，春天他们的驻地就要近水，营地和捕猎活动就叫"春水"。这幅表现的是海冬青捕天鹅，从实物看，这种题材在金代、元代、明代都很常见，玉器尤其喜欢表现它。海东青是一种生活在中国东北的猎鹰，体形不大，但是极其矫健。

图20　春水纹金段子　　　　　　图21　兔纹金段子

兔纹在金段子上几次出现（图21）。我虽然做了很多年的元代工艺美术研究，但有个问题我特别不解。为什么元代禁止一般人使用白兔纹样？我想不透。禁龙凤，这好理解，因为它们是传统的尊贵纹样。白兔纹哪里尊贵？禁它做什么？在元代釉里红上，白兔纹占的比例还挺大。它们恐怕是1352年以后的产品，因为从那时起，元政府就失去了对景德镇的控制。

再来说说纳石失的时代地位。纳石失的占有者主要是皇室成员，大汗经常用纳石失作赏赐，因此还有一些高官显贵。它的用途和一般丝绸相近，但是由于特别华丽，所以也大量作装饰，比如说做帷幔、做衣服边缘。如果以纳石失做衣服面料，使用最多的场合是一种超大型的宫廷宴会，这种宴会，汉语文献叫"质孙宴"。什么是质孙？《元史·舆服志》也有解释："汉言，一色服也。"它应当又是波斯语的音译，和纳石失一样，汉字的写法很多。质孙宴上，上自帝王，下至百官，以及乐工、仆役等等，所有与会者都要穿同一颜色的衣服。皇帝质孙有26种，百官23种，其中，分别有四种和三种采用纳石失面料。《马可·波罗游记》描述过质孙宴的规模，说有12000个贵族出席。想想吧，这么多人都穿织金的衣服，场面多么辉煌，多么灿烂。

纳石失为什么受喜爱？一方面是出于蒙古族对伊斯兰文明的热衷，但更主要的还是他们早期的生活状态。蒙古族要游牧，为了找草场，常常迁徙，迁徙中，还要保有财富。所以他们珍视的物品都有两个特点：一个是便携，再一个是高值。道理很好理解。一次搬场游走几百里，粗重低值的家什，除去日用所需，尽量少带，但金银细软不同，便携又保值，遇到商贩，还能变换。丝绸，尤其织金锦完全符合要求。现在的丝绸不很贵重，但在当年，特别是对于不会织丝绸的民族和地区，却是相当贵重。20世纪末，纽约大都会博物馆办过一个重要展览，主要展示中世纪的东西方丝绸，名字就叫"丝绸价如黄金时"。

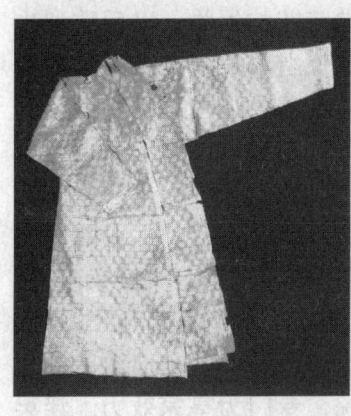
图22 天蓝色绫地印金袍

由于蒙古人热衷伊斯兰文明，由于他们喜欢便携的高值产品，所以对纳石失就特别痴迷。这在当年影响很大，织造了更多效果相近的金段子。织金锦不仅有真的，还出现了假的。在西安一带，就有人把银线熏黄，去冒充织金锦。那时候，还有大批印金的、绣金的丝绸。明清时代，织金锦缎也流行，丝绸饰金手法更丰富，跟元代应该有关系。

元代有的印金花纹仅2.2厘米×2厘米大小，图案很清晰，表现很细腻。有人说蒙古时代东西做得粗，这纯属想当然。对于工艺品，蒙古人喜欢效果很华丽，外表很精美的。也许蒙古人自己做不细，但是有治下的回族、汉族匠户服役，他们的技艺名扬天下。

说过了织金锦，就轮到了青花瓷。在元代作品里，现在最引人瞩目的就是它。什么是青花瓷？青花瓷就是用氧化钴做呈色剂，在坯体上绘图案，然后罩上透明釉，再去烧的器物，烧制温度一般在1300度左右。最常见的效果是白地蓝花，也有少量反效果的蓝地白花。在保定出土的八棱梅瓶（图23），白地蓝花、蓝地白花相间装饰，白龙纹矫健灵动，意气飞扬，比明清龙纹英武神骏得多。

图 23　青花海水龙纹八棱梅瓶

在中国乃至在世界的物质文化史上，青花瓷地位崇高。至少在元代，它是成就最高的陶瓷。在明清时代，它还是产量最高的陶瓷。在元明清三代，又是影响最大的陶瓷。从14世纪开始，西方就仿造中国青花，尽管当年他们还烧不出瓷器，只能烧陶器，可是，当年的伊朗、土耳其，稍晚的越南等等，都在模仿中国，烧造白地蓝花的器物。以后欧洲也大量烧造，很多产区的早期白地蓝花器物还在模仿中国。到今天，这种白地蓝花的器物，仍然是世界上产量最大的陶瓷品种。

　　回过头来，还说元青花。大约在1330年前后，元青花开始成批出现。现在知道的产地主要是景德镇，这里有个浮梁磁局，元代的官府瓷器作坊仅此一家。元代有三个大的官府造作系统，一个是工部，给皇家、百官、政府造作，另一个是储政院，主要为皇太子服务，再一个就是将作院，专门为皇家效力。浮梁磁局就属于将作院系统。

　　有个问题应该注意，蒙古人1234年灭了金、1279年灭了南宋，就是说，早已占领了瓷器最发达的地区。但是，和蒙古族联系特别密切的青花，大批出现却比灭南宋晚了半个世纪。为什么？我觉得，应该和蒙古人早期对瓷器比较淡漠有关系。

　　刚才说过，蒙古族是游牧民族，他们喜欢易携的高值物品。瓷器不仅坚脆，而且沉重，不利携带。别看现在价格高得离谱，当年却并不贵重，所以他们早年看不上瓷器。文献、实物都能作证。

　　从文献看，汉语史料那么多，可是，极少谈到官府瓷器。当时，还有大批西方人出入蒙古宫廷，他们一再描述宫廷金银器，却不提皇家瓷器。有意味的是，西方的金银器水平比咱们高，历史比咱们长，产量比咱们大，他们却大量描述金银器，这说明宫廷金银器实在太多。西方当年造不出瓷器，对于他们珍罕的产品反而不提，这说明蒙古帝王早期起码不爱用瓷器。实物也是，考古学再发达、文物学再红火、收藏界再热闹，也找不出一件 1328 年以前的元代的皇家瓷器。

　　1330 年前后，元青花出现，从事理判断，这显然不是民间所为。原因应该是蒙古族上层统治农耕地区时间已经不短，和喜爱瓷器、善于烧造的汉族接触越来越多，受的影响越来越大，就渐渐关心起瓷器。尤其 1328 到 1332 年，主要是图帖睦尔，就是元文宗当皇帝，在蒙古君王里，他最亲近汉族传统文化。

　　元青花的面貌和当年的三种主要文化都有很多的联系，其中，关键是和蒙古族文化的联系。联系表现在几个方面：颜色好尚、数字观念、游牧生活、饮食习惯，还有少量的装饰纹样。下面，会逐一展开讲述。

　　先说颜色好尚。有一本书，早年翻译成《元朝秘史》，现在又译为《蒙古秘史》。它是最早的蒙古族官修史书，写作在 13 世纪中期。为什么叫秘史？因为除去蒙古和色目的上层以外，别人不许看。文宗时代，要修一部记录元朝制度的"经世大典"。因为准备按照中国的传统体例编修，所以编纂者主要是汉族文人。他们修书，就提出希望看《秘史》，朝堂上当即遭人痛斥："《秘史》你们也配看?!"因为当年保密，所以称作"秘史"。

　　《秘史》第一句是："当初，元朝人的祖是天生一个苍色的狼与一个惨白色的鹿相配了……产了一个人，名字唤作巴塔赤罕。"这就是蒙古族著名的苍狼白鹿的祖先传说。狼和鹿是否能够交配，那是兽行，我们不评论。但是我们知道，狼和鹿即便幸福地交配了，也绝对产不出一个人来，所以，这个传说肯定荒唐。但是，它竟成了蒙古族第一部官修史书的开篇，说明的问题是什么？当年的蒙古人深信不疑。惨白色不用说了，就是雪白的颜色。苍色呢？经过考证可以知道，指的是蓝色。当时的蒙古人相信他们就是蓝色的狼和白色的鹿的后代，这是蒙古族尚蓝尚白的重要根据。

　　关于尚白，元代文献有明确的记录，不必再做证明。需要证明的是尚蓝。又该提到鲁布鲁乞的《东游记》。鲁布鲁乞在蒙哥时代，就是忽必烈的哥哥当大汗的时候，来到蒙古。他这样

193

描述蒙古妇女的装束："所有的妇女都跨骑马上，像男人一样，她们用一块天蓝色的绸料在腰部把她的长袍束起来，用另一块绸料束着胸部，并用一块白色绸料扎在两眼下边，向下挂到胸部。"注意，他总共说到三块绸料，一块没提颜色，说到颜色的，一块是蓝，一块是白，这正好和青花瓷的蓝地白花、白地蓝花一样。当然，关于蒙古人的色尚蓝、白，还有一些其他的证据，尤其是白色和蓝色的工艺品数量特别多，今天不谈了。

再来说数字观念。典型的元青花装饰带很多，装饰带是我起的名字，就是一层层环绕器物的花纹条带。虽然装饰带繁多，但是应当留心：常见九层的，没有七层的。什么原因呢？我相信根源是蒙古族对九、对七的观感。

蒙古人特别喜欢九这个数字，讨厌七。中国古人都喜欢九，现在不同了，不知怎么回事，大家都爱讨口彩，喜欢六、喜欢八。数字有奇偶之分，古人把奇数定为阳数，把偶数看成阴数，阳比阴好，所以他们不看重偶数。天下是九州，皇帝是九五之尊，假如八、六那么好，皇上为什么不是八六之尊？九历来就是好数字，阳数不说，而且是最大的阳数，就是所谓的极数。蒙古人也喜欢九这个数字。

大汗慷慨，特喜赏赐，当年，汉臣姚燧写过一个碑志，说赏赐的洋马、西锦"为匹皆九"。这是中国的记录。还有马可·波罗的说法：每到新年，四方都要向大汗进奉白马、丝绸，数量都是九的九倍。这个事，马可·波罗说得不准确。他虽自称来过中国，待了 17 年，还出入过宫廷，但是他是否来过中国，不少西方学者有怀疑，尤其是英国人。当然，中国人和意大利学者一般不怀疑。《游记》是他回到意大利以后，由别人笔录的。马可·波罗是威尼斯人。当年，威尼斯和热那亚打仗。他也去从军，威尼斯败了，他就成了俘虏。关在牢房里，闲来无事，就讲他的中国见闻。一个难友是传奇作家，就笔录成文，这才有了《马可·波罗游记》。要注意，那位笔录者可是传奇作家，作家嘛，总要妙笔生花，总要说得比较神乎、比较有趣。所以，《游记》的不少内容不属实。尽管有问题，但是蒙古时代重九，依然留下了踪影。

从元代文献看，当年看重的不必是九的九倍，只要是九的倍数就好。比如说这只青花梅瓶（图24），连盖，装饰带一共

图24 青花缠枝牡丹纹梅瓶 　　图25 "太禧"盘线描图

九层。白釉的"太禧盘"（图25）是唯一公认的完整的元代皇家瓷器，用做祭器，烧造在1328年到1340年之间。这种瓷器现在保存下三件，北京的故宫博物院有一件，北大的塞克勒博物馆有一件，伦敦的维多利亚和阿尔伯特博物馆有一件。外壁刻出十八个变形莲瓣纹，二九一十八。这是内蒙古一个窖藏里的夹衫（图26），主人是集宁路的达鲁花赤，即当地的最高军政长官。按制度，达鲁花赤要由蒙古人担任。元代，对蒙古人的穿着、用具限制很宽松，除去龙凤纹样、赭黄色彩受禁限以外，想穿什么就穿什么，常常可以和皇上一样。夹衫的图案一共九十九个，九十九又是九的倍数。如果单从青花看，玉壶春瓶（图27）里，九层装饰带的数量颇多。

图26 刺绣罗夹衫 　　图27 青花狮子
戏球纹八棱玉壶春瓶

蒙古人还讨厌七。比如说我们看《元典章》、看《通制条格》、看《元史》，就会发现，元代鞭抽、杖打罪犯时，惩罚的次数都用七做尾数，从七、十七、二十七，直到一百零七下，与其他时代的尾数为零不同。这是为什么？元代文献里没有记录，但是从元入明的叶子奇讲过。他的《草木子》说，忽必烈定刑罚，觉得以前的刑罚太严苛，就要减，说天饶他一下、地饶他一下、我饶他一下，以后，凡是打人，该抽五十鞭子的，就抽四十七下，该打一百一十大棍的，只打一百零七下。工艺美术要表现吉祥，最晚从汉代开始，对吉祥的追求就很明确。但在元代，七和刑罚有关系，刑罚不吉祥，所以工艺美术要回避。

不只刑罚，还有丧葬，蒙古帝王的丧葬情况，《元史·祭祀志》里有记载，说大汗殉葬的金器是七件。在内蒙古的伊金霍勒旗，有座清初始建的成吉思汗陵。日寇入侵，觊觎成陵，为了保护，于是内迁。国民政府中统局一组的报告说："此次所移者仅为蒙古包即幌幡及一铁箱，内藏有生羊皮七张，裹一黄缎包袱……"又显示了陪葬物和七的关系。

七联系刑罚，又关乎丧葬，太不吉利。所以，元青花的装饰带回避七。又可以稍微做一个引申，以前讨论工艺美术的吉祥寓意，主要列举吉祥图案，分析图案含义，现在我们又知道，图案的数目也与吉祥大有关联。

图 28　青花缠枝牡丹纹罐

图 29　青花云龙纹兽耳盖罐

现在见到的元青花还有七层装饰带的，不过，都是些流传于世的大罐（图 28），已经不完整。什么缘故？因为在流传中，盖子毁坏或者丢失了。从元墓壁画看，它们原本都配盖儿，出土物往往都有盖子（图 29），传世品里也有连盖的，盖子上还有几层装饰带。这样，罐身装饰七层，与我们的解说不矛盾。

接着说生活习俗。蒙古人喜欢迁徙，所以不少器物的设计都讲究便携。比如八棱的梅瓶（见图 23）、葫芦瓶、玉壶春瓶（见图 27）、执壶、盖罐。为什么说器身起棱和便携有关呢？因为迁徙中，要把这些瓶瓶罐罐捆扎起来放在骆驼背、马背、牛背或者马车、牛车上。如果器物是圆的，那么绳子束不紧，要是起棱，收紧不难。八棱的器物往往很大，梅瓶的高度一般在40 厘米以上，葫芦瓶 60 厘米上下（图 30），玉壶春瓶、执壶矮些，通常也超过 30 厘米。

图 30　青花凤凰花卉草　　　　图 31　青花龙凤纹四系扁壶
虫纹八棱葫芦瓶

最便携的设计是四系扁壶，它们的高度都在 40 厘米左右（图 31）。壶肩有系，可以穿进手指，但伸不进手。胎体已经很重，灌上液体就更沉。一把壶几十斤，单凭手指提拎，绝对受不了。原来，系是为穿绳、绑带设计的。大家都有这样的生活经验，如果器身是扁的，就贴体。因此真正的行军壶，不是旅游壶，肯定有一面是扁的，目的就在尽量贴住身体，少影响行动。

该说饮食习惯了。这个时候，大型器物特别多，尤其是大型的盘碗。很多青花盘的口径在40厘米以上（图32），最大的居然71厘米。关于蒙古人喜欢使用大盘，文献有记载，比如《鲁布鲁乞东游记》。在蒙古高原上，当年有很多部族信奉聂思托里派的基督教，他们也要行一些基督教的礼仪。在鲁布鲁乞笔下，那些圣餐的碟子、圣饼碟就很大很大，和欧洲所见不同。蒙古人还喜欢吃烤肉，比如烤全羊，小盘子怎么装得下？

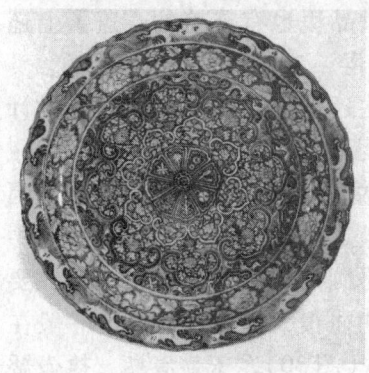

图32　青花杂宝花卉纹盘

更有意思的是大碗，典型的元青花碗的口径一般30多厘米，40厘米上下的（图33）也不少，还有58厘米的。这样的大碗今天早就不用了，当年却很多。14世纪初的波斯文献《史集》说，蒙古高原上，"把比大筒子还要大很大很大的碗称作'满忽儿'"。《史集》的另一处记载显示，满忽儿是装酒的器具。那时的蒙古人为什么使用这么大的饮酒器？因为他们喝的酒度数不高，最爱喝的是马奶酒，其次是葡萄酒。尤其马奶酒，不过是发酵的马奶，度数很低，这几年才开始做浓烈的马奶蒸馏酒。蒙古人喜欢畅饮、痛饮，皇帝都有喝死的，第二代大汗窝阔台就是，元武宗海山的死也跟喝酒有关系。蒙古人又特豪爽，只有拿大碗喝，才豪而且爽。

当年的酒具往往都大，又大又著名的是渎山大玉海（图34），1266年初做成，如今存

图33　青花缠枝莲纹碗

图34 渎山大玉海

放在团城。它的口，短径135厘米，长径182厘米，膛深55厘米，周长494厘米。当年的记述有些夸张，说它可以装30石酒，30石就是3600斤。北海公园的山上，现在的主要建筑是庙宇和白塔，但它们建在清初。元代，这里有一组建筑，叫"广寒殿"。广寒殿的装修、陈设特别奢华，小玉殿最奢华，渎山大玉海就摆在里面。蒙古帝王亲贵议事要畅饮，在酒酣耳热中，商量军国大计。什么时代都一样，小事儿开大会，大事儿开小会，要紧的事儿不开会。从忽必烈时代开始，渎山大玉海就是他们开小会用的大家伙。1955年，在合肥出土过一个金银器窖藏，一只大勺很有意思，全长57厘米，勺头是舀酒的部件，直径17厘米。当年开宴，就用这类大勺舀酒，往碗里倒，碗要是小了，不好倒，大勺该配大碗。

　　最后谈装饰纹样。元代的麒麟纹往往像鹿（图35），我隐约觉得它和苍狼白鹿的传说有关系。如果说这是猜，那么角端（图36）就不是猜了。成吉思汗西征，杀人无数，引起了西方的恐慌，还招来了汉臣的谏净，可是成吉思汗哪里肯听。于是，耶律楚材就导演了一出戏。一个侍卫跟大汗说："刚才来了一个兽，鹿的样子，却有条马尾巴，绿色的，一只角。它能讲人话，

图35 青花麒麟纹盘

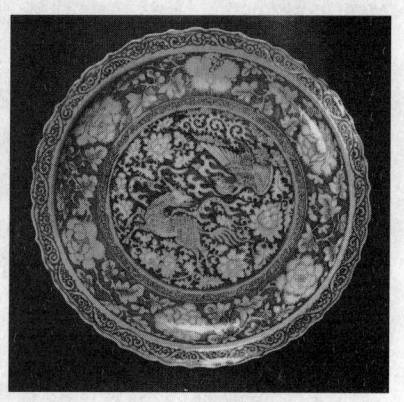

图36 青花角端翔凤纹盘

说你们皇帝最好早回去。"耶律楚材博学，成吉思汗就把他召来，问是什么兽。耶律楚材说，"是角端，一天能走一万八千里，会说各国外语，是上天派来的，希望用它劝告皇帝，秉承天的意志，别再杀人了。"蒙古人最敬长生天，一听这个，成吉思汗当天班师。西征见角端，元代文献中几次提到，用来歌颂成吉思汗的仁爱。青花瓷也几次表现角端，形象和那侍卫说的一样，也是鹿形、马尾、独角，不过，在青花瓷上，只能是蓝色，不是绿的。

图37　青花满池娇纹盘盘心

与蒙古君主有关的纹样还有这个满池娇（图37）。从1330年前后起，满池娇大约流行了10年。怎么知道这个图案是满池娇呢？元人也喜欢用诗歌描述宫廷生活，柯九思是其中的著名作者，他也专门歌咏了满池娇。他的宫词说："观莲太液泛兰桡，翡翠鸳鸯戏碧苔。说与小娃牢记取，御衫绣作满池娇。"他还加了自注："天历间，御衣多为池塘小景，名曰满池娇。"这样我们就知道，文宗爱穿刺绣满池娇的衣服，满池娇表现池塘小景。在集宁路夹衫上，绣在双肩的两组大纹样就是满池娇（图38）。夹衫的主人应是集宁路的达鲁花赤，蒙古官僚，由于蒙古人服用很少禁限，所以夹衫上没有禁限的色彩和纹样，因此，元文宗的满池娇御衣、御衫可能就是这个样子。满池娇宋已有之，当然不是典型的蒙古纹样，但是从元文宗以后才开始流行，成为元青花最常见的装饰主题，盘、碗、瓶、罐都爱用它，并且许多图案构图一致，形象相似，这应当有高贵的范本，应当和元文宗的御衣有关。

关于满池娇，不少专家有误解，说莲池鸳鸯，或者莲池鹭鸶，或者莲池什么，才是满池娇。其实，柯久思早就说明白了，表现的是池塘小景。池塘有了水禽才成小景？哪有这个道理！张昱的宫词说"鸳鸯鸂鶒满池娇"。因此，满池娇可以有水禽，也可以没有，水禽能是这种，也能是那种，不必严格限制。当然，表现于图案，为了有情致、为了更丰富，带鸳鸯等水禽的占据主流，可是还有一些只见莲荷、不见水禽的满池娇（图39）。

图38　刺绣满池娇

伊斯兰文化也对元青花有重要影响。先大致说一下元以前的情况。在中国，唐代就有青花，在扬州的唐城遗址里，先后出土过一些残片，在印尼海域的沉船"黑石号"里，发现过三个完整的盘子，并且，还在河南巩义的窑址里，发现过残件。值得注意的有两点：首先，青花瓷出现得那么早，但在中国长期不发达，从9世纪到14世纪，间隔了5个世纪，才开始繁荣。其次，唐青花很粗糙，数量也少。元中期，不仅大批出现，

图39　青花满池娇纹碗

并且很精美。最重要的推手当然出自蒙古族，但是，伊斯兰文化不可忽略。种种迹象表明，唐青花已经和伊斯兰世界有关联，元代又是伊斯兰文化在中国声势最大的时代，并且，有些青花是为西方的穆斯林制作的，更重要的是，青花瓷的装饰繁密又源出伊斯兰艺术。

伊斯兰世界造白地蓝花器物的时代比中国早，虽然是陶器，可也用氧化钴画图案。在扬州、在"黑石号"，都发现了带菱形图案的中国青花瓷，菱形是当年重要的伊斯兰图案。已经过世

201

的陶瓷史大家冯先铭 30 年前有判断，认为菱形是伊斯兰图案。这个说法长期不受重视，现在大家才佩服他的见识。

元青花的图案呈色有的比较深浓，有的比较灰暗。比较深浓的是典型器物，使用的钴料来自波斯，可能就是文献里的"回回青"。元青花器形大，可能和西方也有关系。到现在，伊斯兰世界也爱使用大器物。前些日子，我和北京大学的段晴、齐东方、林梅村、荣新江等人去了趟伊朗，看到很多大盘、高瓶。元青花的一些敛口高足碗，造型也像西方产品。起棱的造型西方也多，不仅在蒙古时代，还有更早的。

伊斯兰文化对元青花最大的影响在装饰繁密。尤其是多层装饰带，是伊斯兰装饰的传统构图手法，那里的铜器、陶器（图 40）常常装饰带特别多。尽管更早的中国产品也会采用这种手法，比如北朝晚期、唐朝早期，可是不要忘记，那时的中国也和西方联系特别多。虽然当年伊斯兰教还没有创立，但是，艺术、文化一脉相承。

图 40　波斯 13 世纪彩绘陶瓶

青花属于彩绘瓷，元代烧造彩绘瓷的地区不少，但面貌与青花往往不同。最有比较价值的是吉州和云南。吉州离景德镇不远，风俗习惯也相近，但是产品面貌差异很大。云南不同，那里离景德镇很远，风土人情差距很大，可青花却与景德镇的相近。

尽管云南产品比较粗糙，蓝花也在青釉之下，但造型、花纹、图案结构与典型的元青花相通之处

图 41　云南禄丰窑青花缠枝牡丹纹罐

太多（图41）。这是为什么？我觉得，应该和云南聚居着大量的回族人有关。当年的云南被中亚贵族赛典赤·瞻思丁三代人长期治理，随着他们主政，回族人大批迁入。因此，云南青花的设计应和当地的回族人有关系。景德镇元青花的设计应该也有回族人参与。景德镇有浮梁磁局，浮梁磁局隶属将作院，是中央性的官府作坊，尤其是中央性官府作坊的作品设计，常常同伊斯兰文化血脉相通，比如刚刚说过的纳石失。看来，云南、景德镇两类青花中，唯一共同处就剩下伊斯兰文化因素了，它让地域、风习相差很远的两地产品相通。吉州窑情况不同，虽然离景德镇很近，风俗也一致，但当地只有典型的汉族民间窑场，设计没有伊斯兰痕迹。

当年，蒙古统治区域特别辽阔。西征不归的蒙古人都先后皈依了伊斯兰教，如在当年的伊儿汗国、钦察汗国。伊尔汗国在伊朗一带。钦察汗国，又称"金帐汗国"，地跨欧、亚，统治中心远在伏尔加河流域，那里也出土过用钴绘画的白地蓝花陶

图42　钦察汗国出土白地蓝花陶残盘

器，有些和元青花很接近，还有类似满池娇的图案（图42）。这也在提示，起码典型的元青花瓷与伊斯兰文化确有关联。

元青花被大批运送到伊斯兰世界，这也是它和伊斯兰文明联系较多的重要证据。国外一次出土青花瓷最多、最重要的地点是印度的德里，德里有个图格拉克王宫的遗址，出土了44只大盘和23只大碗，但都被打破了。在埃及、印尼等地也出土过。这些地方当年都在伊斯兰世界范围内。

重要的还有土耳其和伊朗的收藏。完整的器物，土耳其大约有40件，伊朗有37件。对土耳其的收藏，专家比较熟悉，对伊朗的收藏，知识一般少些。我们去伊朗的时候，伊朗国立博物馆还特地拿出几件。那里有元明青花900多件。伊朗的藏品曾经是阿拔斯大帝的收藏，他生活在16世纪晚期到17世纪早期，是伊朗萨菲王朝著名的贤王。一些元青花专门是为波斯生

产的，有些器物还带有钴料书写的波斯文铭，是烧以前写上去的（图43）。

在元青花上，尽管看到了蒙古文化的深刻影响，也看到了伊斯兰文化的许多印痕，但是细细观察，又会发现，其实几乎每个造型、每个装饰都联系着汉族文化。虽然元青花的绝大多数元素来自汉族文化，但整体面貌却令人耳目一新。因为它把旧的元素做了新的组合。组合关系很大，组合一变，器物就大变样。

图43　青花飞凤纹盘

元青花毕竟在中国烧造，因此和汉族传统文化关系密切。比如这对大瓶（图44），在1351年被江西人用作神前供器，瓶颈铭文提供了这些信息。对元青花的系统研究，就是从它们开始的，美国人约翰·亚历山大·波普贡献最大。江西高安窖藏里，有六件带盖的梅瓶，装饰主题是传统的缠枝花或龙纹，它们的盖内和足底还各写一个字，"书"、"数"、"礼"、"乐"、"射"、"御"，这是传统的儒家六艺。一些元青花的造型完全中国化，比如笔架、砚盒、器座、香炉、戟耳瓶之类，还有荷叶形盖罐，宋元时代，这种造型不少。十几年前，我的一个学生写作业，讲为什么盖会做成荷叶形。他说，

图44　青花云龙纹象耳瓶

这种盖罐和江南的贮存习惯有关，荷叶形盖罐装食物，江南爱用荷叶包食品。我觉得很有道理。

一些元青花装饰特殊，以中国的历史人物、故事传说、通俗文艺为题材，比如四爱图（图45），表现王羲之爱兰、陶渊

明爱菊、周茂叔爱莲、林和靖爱鹤。还有《西厢记》故事、三顾茅庐故事、周亚夫军细柳、萧何追韩信等等。近来最出名的是鬼谷子下山（图46），2007年，画着它的大罐被英国佳士得卖出了中国瓷器的最高价，折成人民币合到两亿三千万。

图45　青花四爱图梅瓶装饰主题　　　图46　青花鬼谷子下山图罐

一个说法我比较相信，就是用人物故事图装饰的早期青花瓷应该烧造在1370年以前。1370年是洪武三年，这年八月，朱元璋下令，不准"彩画古先帝王后妃、圣贤人物故事"等等，以免亵渎。洪武六年四月，又重申过。朱元璋有多严苛，他的命令谁敢违反？因此，洪武二十五年沐英墓里的萧何追韩信图梅瓶、永乐十三年郢靖王墓里的四爱图梅瓶，很可能是元末的产品，不该是洪武三年以后的新瓷器。

图47　青花昭君出塞图罐图案展开

刚才分析了两类作品，一类是以纳石失为主的织金锦，再一类是青花瓷。最后做一个结语。

蒙古国早期，纳石失已经流行，中国的作品是西方的正宗嫡传。由于它们常常用做服装面料，往往穿在质孙宴上，所以特别尊贵。元代，虽说多次禁止售卖、仿造质孙，但质孙依然不断被仿造，穿上四处招摇。服装最有展示性，最能体现身份、品味。至少从工艺美术的角度，纳石失是当年中国伊斯兰风盛行的主要体现者，也是主要推动者。

元青花的成批出现大约在 1330 年前后，这个时间靠近元后期，晚于纳石失的受宠爱。元青花上，伊斯兰风已经不再浓郁，能够准确指认伊斯兰艺术根源的，主要是繁密的装饰带和几个造型因素。

因此，可以获得一个认识：元代早期，伊斯兰风强劲，织金锦是个证据，以后逐渐衰减，元青花是个例子。但是，蒙古族文化和汉族传统文化始终发挥着很大的作用，还是本土文化最有生命力。

讲座 丛书

林梅村

波斯文明的洗礼
——2012 年伊朗考察记

　　林梅村　北京大学考古文博学院教授，祖籍山东，生长于北京。20 世纪 70 年代在史学家马雍门下攻读古典文学和中国古代史。1977—1982 年，就读于北京大学历史系考古专业，后分配至中国文物研究所，历任助理研究员、副研究员，从事西域出土文献研究和丝绸之路考古。1982 年起，师从梵学家蒋忠新攻读梵语；1984 年，在季羡林先生指导下攻读中亚死语言，尤其是犍陀罗语。1993 年，赴西雅图华盛顿大学进行学术交流。1994 年，受聘于北大考古系（今称"考古文博学院"），历任副教授、教授、博士生导师。2001 年至今，曾到日本、英国、美国、法国、意大利等地的多所高校及研究机构进行学术交流。

　　1984 年至今，在英国《伦敦大学东方与非洲学院院刊》（BSOAS），德国《中亚杂志》（CAJ），日本《古代文化》，中国《考古学报》《文物》《考古与文物》等刊物发表论文百余篇；相继出版《西域文明》（北京：东方出版社，1995）、《丝绸之路与中国古代文明》（东京：NHK 出版社，2005）、《蒙古山水地图——在日本新发现的一幅十六世纪丝绸之路地图》（北京：文物出版社，2011）等学术专著 12 部。

正如陈垣《元西域人华化考》指出的："凡考一代之美术，必兼考其建筑遗物，顾吾国言建筑者向无专书，而元西域人建筑之存于今者尤罕。"[①]13世纪中叶，蒙古西征，劫掠了大批波斯工匠。他们在蒙古汗国首府哈剌和林兴建伊斯兰教清真寺、土耳其浴室（hammām），并用波斯艺术风格的蓝琉璃砖装点万安宫，从而将波斯建筑艺术传入蒙古高原。中统元年（1260）和至元四年（1276），波斯建筑师也黑迭儿丁相继参与元上都和元大都的规划设计，波斯人的建筑理念进而传入中国内地。本文将以哈剌和林和元故宫的土耳其浴室为切入点，结合2012年伊朗实地考察，探讨波斯建筑艺术对元帝国皇家艺术之影响。

波斯文化的遗产

　　公元7世纪中叶，阿拉伯帝国兴起，伊斯兰教在中东各地广为传播。随着清真寺的大规模兴建，伊斯兰艺术风格的浴室亦在两河流域生根开花。在穆格台迪尔时代（908—932），巴格达有澡堂2.7万所；在其他时代，增加到6万所，这两个数字，就像阿拉伯文献中其他数字一样，显然被夸大了。叶儿孤比在他所著的地方志里提到，巴格达建成后不久，澡堂达到一万所。据说"当日的澡堂，像现代的澡堂一样，是由几个房间构成的，地上铺着花砖，内墙上镶着大理石板，那些房间，环绕着一个居中的大厅，大厅上面，罩着一个圆屋顶，屋顶周围镶着许多圆形的小玻璃窗，让光线透进来。大厅中部，有一个水池，水池中央，有一股喷泉，喷出的热水，放射着蒸汽，把整个大厅变得暖和和的。外部的房间，作为休息室，顾客们可以在那里享受各种饮料和茶点"[②]。

　　众所周知，波斯是伊斯兰教诞生后第一次传播的地区之一。阿拉伯人占领伊朗高原后，直接采用波斯帝国建筑传统和方法，甚至在很多方面可以说是波斯建筑艺术的扩展和进一步演变。

一些城市如巴格达，是以萨珊波斯王宫菲鲁扎巴德为范例建设的。实际上，曼苏尔雇佣来设计巴格达城的两个工程师努巴克特（Naubakht）和马沙尔赫（Mashallah）分别为波斯琐罗亚斯德教教徒和来自伊朗呼罗珊的犹太人。伊朗各地清真寺采用穹隆顶、八棱砖柱、大拱廊和砖券顶拱门③，说明伊斯兰建筑传承的是古老的波斯文化传统。

2012 年伊朗之行，我们在加兹温考察了一座伊斯兰风格的浴室。和清真寺礼拜堂一样，这个浴室为穹隆顶，房顶中心有一个通风孔；室内中心区域是蓝色釉陶砖砌筑的浴池，室内墙壁也砌有高约 1 米的蓝色釉陶砖，显然用来防水（图1）。

图 1　加兹温博物馆的波斯浴室

16 世纪，奥斯曼建筑师希南（Mimar Sinan）将伊斯兰建筑艺术推向巅峰。1584 年奥斯曼帝国女苏丹哈斯吉·忽伦（Hase-ki Hürrem Sultan）下令，由希腊裔建筑师希南在伊斯坦布尔城设计建造一座皇家浴室，今称"忽伦浴室"（图2）。哈斯吉·忽伦是乌克兰人，本名 Roxolena（罗莎琳娜）。希南一生设计建造了无数伊斯兰建筑，仅在土耳其伊斯坦布尔城就有 335 座，包括土耳其伊斯坦布尔城的苏莱曼清真寺和印度的泰姬陵，堪称伊斯兰世界的"米开朗基罗"④。

图2　奥斯曼苏丹后宫忽伦浴室

　　穆斯林在清真寺做礼拜前，要小净（洗手）或大净（洗澡）。伊斯兰浴室通常由清真寺师傅专门管理，配有汤瓶、吊罐等沐浴用具。汤瓶是穆斯林传统洗浴用具，除了礼拜用汤瓶小净之外，平常也用来洗手洗脸。汤瓶种类有金银、黄铜或陶制，造型如高腰水壶，加盖有柄，壶颈长，有出水的小嘴。平时盛水贮存，用时持壶进行冲洗，图3为伊斯坦布尔城托普卡比宫收藏的奥斯曼苏丹的银汤瓶。

图3　托普卡比宫收藏的奥斯曼苏丹的银汤瓶

中东穆斯林还使用一种黄铜浴盆，如14世纪初波斯工匠制作的嵌金银黄铜浴盆，现为科威特私人藏品（图4左）[⑤]。19世纪法国画家让·莱昂·热罗姆（Jean Léon Gérôme）创作的《摩尔人沐浴》（*A Moorish Bath*），生动描绘了中东穆斯林苏丹后宫的洗浴用具，包括银制汤瓶、双耳白陶壶、红陶罐、黄铜浴盆（图4右）。

图4　波斯风格的嵌金银黄铜浴盆与法国画家热罗姆的名作《摩尔人沐浴》

哈剌和林的"混堂"

1253—1255年，法国使臣鲁布鲁克（William of Rubruk）出访蒙古高原，在哈剌和林觐见蒙古大汗蒙哥。他在游记中写道：

关于哈剌和林，你须知道的是，且不说汗的宫室（指万安宫），它并不比圣丹尼斯村大，而圣丹尼斯的修道院都比那座宫殿要大十倍。它有两个城区：一个是有市场的撒拉逊人（指穆斯林）居住区，那里有大量的鞑靼人，因为那里有一直接近该（城）区的宫廷，也因为那里有许多使臣。另一个是契丹人的城区，他们全是工匠。这两个区外，还有供宫廷书记使用的大宫室（指万安宫）。有十二座各族的偶像寺庙（指佛寺），两座清真寺，念伊斯兰教的经卷。城的尽头有一座基督徒的教堂。城四周是泥土墙，有四道门。东门卖粟及其他种类的谷物，不过这些很难运到那里；

西门卖绵羊和山羊；南门卖牛和车；北门卖马。[6]

　　据考古调查，哈剌和林城始建于回鹘汗国时代（约唐代中期），中国度量衡在宋元之际有较大变化，而和林土城墙尺度采用唐宋制度[7]。和林城历经辽金两代、蒙古汗国、元朝不断修补，但是从未扩建，明初毁于战火。2006年夏，我们在和林城考察时，德国波恩大学考古队正在万安宫遗址进行考古发掘，发现宫内大面积铺设伊斯兰艺术风格的孔雀蓝釉铺地砖（图5），与伊朗加兹

图5　万安宫遗址孔雀蓝釉铺地砖

图6　加兹温波斯浴室蓝琉璃砖浴池

213

温的波斯浴室铺地砖如出一辙（图6）。正如陶宗仪《元氏掖庭
记》所言，"元祖肇建内殿，制度精巧。题头刻螭形，以檀香为
之。螭头向外，口中衔珠，下垂珠皆五色，用彩金丝贯串，负柱
融滚霞沙为貌，怒目张牙，有欲动之状。瓦滑琉璃，与天
一色。"⑧

20世纪60年代，苏联考古学家吉谢列夫（Sergei V. Kiselev）
在蒙古国的哈剌和林城遗址发现一件波斯艺术风格的黄铜浴
盆，口沿外侧有波斯文美术字⑨
（图7）。

吉谢列夫在哈剌和林遗址
还发掘出一件伊斯兰艺术风格
的银匜，直径19.5厘米，高
5.5厘米⑩（图8—1），与乌克
兰发现的金帐汗国银匜（图

图7　哈剌和林城出土波斯风
格的黄铜浴盆

图8—1　哈剌和林遗址出土银匜

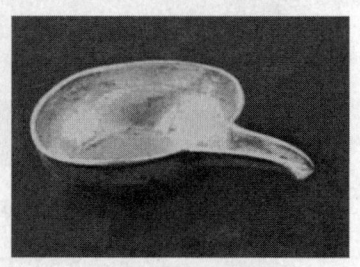

图8—2　乌克兰出土银匜

图8—3　马木鲁克王朝嵌金
银黄铜匜

8—2）如出一辙。明初曹昭《格
古要论》记载："古人……饮酒
用盏，未尝把盏，故无劝盘。今
所见定器劝盘，乃古之洗。古人
用汤瓶、酒注，不用壶、瓶。及
有嘴折盂、茶钟、台盘，此皆胡
人所用者，中国人用者始于元朝，
古定官窑俱无此器。"⑪有嘴折盂，
即和林城出土银匜之类，也用作
洗具，如大英博物馆藏马木鲁克
王朝嵌金银黄铜匜（图8—3）。

《鲁布鲁克东游记》提到哈剌和林有两座清真寺，这个波斯艺术风格的黄铜浴盆或许是清真寺浴室之物。不过，据波斯史官拉施特《史集·旭烈兀传》记载，阿拔斯王朝哈里发王宫沦陷后，旭烈兀劫掠了阿拉伯帝国积累了600多年的珍宝。"从那些珍贵礼物和财富中，旭烈兀将一部分送去给蒙哥合罕陛下，并带去胜利的喜讯"⑫。和林城出土黄铜浴盆与14世纪初波斯工匠制作的嵌金银黄铜浴盆如出一辙，或许是旭烈兀送给大汗蒙哥的战利品，后来成为蒙古大汗浴室之物。

周密（1232—1298）《癸辛杂识续集》提到蒙古高原有一个土耳其浴室。该书引焦达卿云："鞑靼（指蒙古）地面极寒，并无花木。草长不过尺，至四月方青，至八月为雪虐矣。仅有一处，开混堂。得四时阳气，和暖能种柳一株，土人以为异卉，春时竟至观之。光禄寺御醴，达卿尝为光禄寺令史，掌醴事。"蒙古高原地处塞北高寒地带，唯有哈剌和林所在地——鄂尔浑河流域的地理环境较好，成为草原文明的发源地（图9）。蒙古帝国首府哈剌和林城建于唐代回鹘公主城旧基，附近有回鹘公主沐浴的汤泉池。北宋太平兴国六年（981），王延德从汴梁出使高昌（今吐鲁番），途经鄂尔浑河流域。他在游记中写

图9　鄂尔浑河之夏

道："次历拽利王子族，有合罗川（今哈剌和林河），唐回鹘公主所居之地。城基尚在，有汤泉池。"[13]2006 年夏，我们到和林城考察，在城南额尔德尼昭寺庙内找到了汤泉池遗址，从谷歌地图上可以清楚地看到轮廓。显然，蒙古大汗的"混堂"亦在此地。

我们怀疑，"混堂"之名可能译自波斯语 garm – ābag（浴室），或波斯语和阿拉伯语中的突厥语借词 hammām（公共澡堂）[14]。后者源于突厥人对浴室的称谓，亦称"土耳其浴室"。这个词来源不明，可能和维吾尔语 hor（蒸汽）、乌兹别克语 hewir（蒸汽）和裕固语 hor（蒸汽）有关[15]。土耳其人祖先突厥人是草原游牧民族，逐水草而居，以帐篷为居。因此，土耳其浴室还是来自古老的波斯艺术传统，菲鲁扎巴德城的波斯王宫（Qal'a – ye Dukhtar）就采用这种上圆下方的穹隆顶建筑（图 10）[16]。

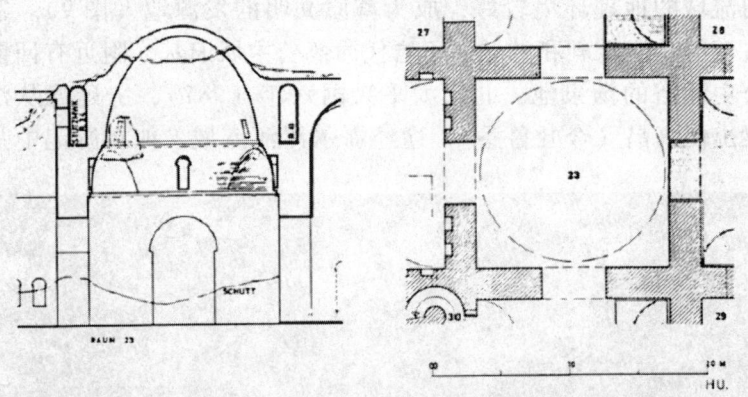

图 10　菲鲁扎巴德波斯王宫遗址

蒙古西征，劫掠了大批波斯能工巧匠。伊斯兰艺术风格的浴室随之传入蒙古高原，明代普及到中国内地。明人郎瑛《七修类稿》记载："混堂，天下有之，杭（今杭州）最下焉。吴俗：甃大石为池，穿幕以砖，后为巨釜，令与池通，辘轳引水，穴壁而贮焉，一人专执爨，池水相吞，遂成沸汤。名曰混堂，榜其门则曰香水。男子被不洁者、肤垢腻者、负贩屠沽者、疡者、疕者，纳一钱于主人，皆得入澡焉。"[17]这座"混堂"的建筑结构"穿幕以砖"，俨然是一座伊斯兰建筑风格的土耳其浴室。元代初年，杭州就有伊斯兰风格的"混堂"。《马可·波罗

216

游记》记载：杭州城"包围市场之街道甚多，中有若干街道置有冷水浴场不少，场中有男女仆役辅助男女浴人沐浴。其人幼时不分季候即习于冷水浴，据云，此事极适卫生。浴场之中亦有热水浴，以备外国人未习冷水浴者之用"[18]。法国汉学家谢和耐分析说："这很可能是为穆斯林们提供的，因为他们已习惯了土耳其浴那令人窒闷的热气。"[19]

蒙古宪宗九年（1259），彰德府宣课使常德奉大汗蒙哥之命，从和林城出发，出访正在西亚征战的旭烈兀。次年冬回和林城复命。中统四年（1263），刘郁根据常德口述，撰写《西使记》。文中说："又西南行，过孛罗城（今新疆博尔塔拉蒙古自治州达勒特古城），所种皆麦稻。山多柏，不能株，络石而长。城居肆囷间错，土屋牕户皆琉璃。城北有海，铁山风出，往往吹行人坠海中……四日，过忽章河（今吉尔吉斯斯坦锡尔河中游），渡船如弓鞋然，土人云：河源出南大山，地多产玉，疑为昆仑山。以西多龟蛇，行相杂，邮亭客舍，甃如浴室，门户皆以琉璃饰之。"[20]

常德祖先为代州崞县人（今山西原平市），金初迁居真定之平山县。刘郁是真定人（今河北定县）。可知，元朝中国北方浴室用琉璃砖砌筑墙面，而中亚的蒙古驿站像中国北方浴室一样，皆用琉璃砖砌筑墙面。西方考古队在讨来思（今伊朗大不里士）伊利汗国王宫塔克提·苏来曼遗址（Takht – iSulaimansite）发现过伊利汗国时期的龙凤纹琉璃砖（图11），生动再现了蒙古帝国的辉煌，现藏伦敦维多利亚与埃伯特博物馆。

图 11　讨来思伊利大汗王宫出土龙凤纹琉璃砖

元帝国的波斯建筑师

元至元八年（1271）八月，波斯建筑师也黑迭儿丁（Ikhti-yaral–Dīn）被忽必烈任命为元大都茶迭儿局诸色人匠总管府达鲁花赤，兼领监宫殿。欧阳玄《圭斋集》卷九载有也黑迭儿丁之子《马哈马沙碑》。其文曰：

> 也黑迭儿系出西域，唐为大食国人。世祖即祚，命董茶迭儿局。茶迭儿局者，国言庐帐之名也。至元三年（1266）定都于燕，八年（1271）领茶迭儿局、诸色人匠总管府达鲁化赤，兼领监宫殿。属以大业甫定，国势方张，宫室城邑非巨丽宏深，无以雄视八表。也黑迭儿受任劳溢，夙夜不遑，心讲目算，指授肱庶，成有成画。太史练日，各卿抡材，魏阙端门，正朝路寝，便殿披廷，承明之署，受售之祠，宿卫之舍，衣食器御，百执事臣之后，以及池塘苑囿游观之所，崇楼阿阁，缦庑飞檐，具以法。岁十二月，有旨，命光禄大夫安肃张公柔，工部尚书段天佑，暨也黑迭儿同行工部，修筑宫城。乃具畚镭，乃树桢干，伐石运覽，缩版覆箦，兆人子来；厥基阜崇，厥地矩方，其直引绳，其坚凝金。又大称旨。自是宠遇日隆，而筋力老矣。

据陈垣考证，也黑迭儿丁又称"亦黑迭儿丁"。《新元史》有传，误作"也里迭儿"；原为大食国人。元朝开国之前已来华，中统元年（1260）起，在忽必烈潜邸（今内蒙古正蓝旗）掌管茶迭儿局；至元元年（1264），建议修元大都琼华岛（今北京北海公园）广寒殿；同年十二月奉命同张柔、段天佑同行工部尚书事；至元三年（1266），任命为茶迭儿局诸色人匠总管府达鲁花赤，兼领监宫殿；至元四年（1267），以金中都东北残存的大宁宫西苑（今北京北海公园）为中心，重新规划建设新都；至元九年（1272），忽必烈将燕京命名为"大都"（蒙古语 Khanbaliq）。

陈垣只是根据《马哈马沙碑》说也黑迭儿丁是"大食国

人"，但是没有进一步解释。关于元大都的规划建设，陈得芝主编《中国通史》总结道："大都的规划者是刘秉忠和阿拉伯人也黑迭儿丁。他们按古代汉族传统都城的布局进行设计，但又有新的特点。城的平面接近方形，南北长约 7400 米，东西宽约 6650 米，北面二门，东、西、南三面各三门，城外绕以护城河。皇城位于大城（外郭城）南部的中央地区，皇城中的南部偏东则为宫城，宫城建在全城的中轴线上，大城中的主要干道都通向城门，主要干道之间有纵横交错的街巷，寺庙、衙署和商店、住宅分布在各街巷之间。全城分为六十个坊，但所谓坊，只是行政管理单位，已不是汉、唐长安那样的封闭式里坊。"[21] 这里有两个问题需要讨论：

第一，目前学界和教科书皆据《中国通史》之说，将也黑迭儿丁定为阿拉伯建筑师。这个说法不一定正确。欧阳玄《马合马沙碑》所谓"大食国人"，源于波斯语 Tāzīk（大食），今译"塔吉克"。唐代以来，中国史书皆称阿拉伯为"大食"，可是后来发生变化，尤其是公元 11 世纪以后，这个名称通常指波斯人。正如英国波斯学家波伊勒（J. A. Boyle）指出的，"Tāzīk 是突厥人用以指称伊朗人的专门名词"[22]。浙江大学教授黄时鉴进而指出，"到了蒙元时代，Tāzīk 这个词指的正是伊朗而不是阿拉伯"[23]。时至今日，这个名词仍指伊朗人。中亚塔吉克斯坦的塔吉克人，以及新疆塔吉克自治县的塔吉克人，皆为伊朗语民族。

据《马哈马沙碑》记载，也黑迭儿丁之子马哈马沙，袭父职，阶至正议大夫，任工部尚书兼领茶迭儿局、诸色人匠总管府达鲁花赤。马哈马沙有四子，长，密儿沙，早卒。次，木八刺沙，阶正议大夫，曾掌管茶迭儿局，为工部尚书。三子，忽都鲁沙，历官余杭、浦江县监、江南、陕西监察御史，云南行省都司，大都路达鲁花赤。户部尚书。四子阿鲁浑沙，其子蔑里沙，任茶迭儿局总管府达鲁花赤。也黑迭儿一家四代，任职工部，掌管茶迭儿局[24]。也黑迭儿丁子孙名字皆带后缀"沙"字，这是典型的波斯人姓氏，译自波斯语 šāh（国王）[25]，尽管也黑迭儿丁名中后缀"丁"字为阿拉伯人姓氏，但是波斯穆斯林名字也用该后缀，如元末在泉州策动"亦思巴奚战乱"的穆斯林什叶派首脑赛甫丁（Saifal‑Dīn）、阿迷里丁（Amīral‑Dīn）皆为波斯人[26]。15 世纪波斯细密画大师毕扎德（Kamālud‑

DīnBehzād）的名作《赫维尔奈格城堡之兴建》，取材于 12 世纪波斯诗人哲马鲁丁伊勒亚斯·内扎米（Ilyas Jamalddin Nezami）的《五卷诗》（Khamsa），生动描绘了波斯建筑师为萨珊波斯王子巴赫兰（Bahram Gur）兴建城堡（图 12），现藏大英图书馆。也黑迭儿丁很可能出自波斯建筑世家，所以这个家族四代人被元朝委以重任，建筑设计元上都和元大都宫殿。

图 12　波斯细密画大师毕扎德笔下的波斯建筑师

第二，《中国通史》说"大都的规划者是刘秉忠和阿拉伯人也黑迭儿丁。他们按古代汉族传统都城的布局进行设计"。这个说法在学界颇为盛行。台湾蒙古学家萧启庆也认为："大食人也黑迭儿用汉法建筑宫殿城廓，便是顺从蒙古人之意而作。他早岁也曾任事潜邸。欧阳玄撰《马哈马沙碑》说他'世祖居潜，已见亲任……庚申即祚，命董茶迭儿局（cadir），凡潜邸民匠隶是局者，悉以属之。茶迭儿者，国言庐帐之名也'。燕京的都城及宫殿便是也黑迭儿所建；而它的建造法式全为汉式。"㉗这个说法也颇有疑问。

也黑迭儿丁是波斯人，根本不懂汉式建筑，怎么可能按照古代汉族传统都市进行设计？《元史·高智耀传》记载："至元五年（1268），立御史台，用其议也。擢西夏中兴等路提刑按察使。会西北藩王遣使入朝，谓：'本朝旧俗与汉法异，今留汉地，建都邑城郭，仪文制度，遵用汉法，其故何如？'帝求报聘之使以析其问，智耀入见，请行，帝问所答，画一敷对，称旨，即日遣就道。至上京，病卒，帝为之震悼。"至元四年（1267），"岁在丁卯，以正月丁未之吉，始城大都"㉘。至元十一年（1274），元大都主体工程宫城和宫殿竣工，"帝（指忽必烈）始御正殿，受皇太子、请王、百官朝贺"㉙。西北藩王使者在元大都破土动工第二年批评大都新城千篇一律地采用汉式建筑设

220

计，忽必烈显然听从了这项建议。因此，元大都实际上集世界各民族建筑艺术之大成，既有大明殿、延春阁、钟鼓楼、井亭、城阙等汉式建筑，也有十二皇后斡耳朵、鹰房、皇后酒坊等蒙古本民族建筑，还有波斯艺术风格的观星台、土耳其浴室，乃至西域风格的"畏吾儿殿"。此外，尼婆罗（今尼泊尔）建筑师阿尼哥（Araniko）设计建造了藏传佛教艺术风格的大圣寿万安寺（今北京白塔寺）㉝，而罗马教皇使者孟高维诺（Giovannida Montecorvino）则在皇宫厚载红门外建有欧洲艺术风格的天主教堂㉛。据《析津志辑轶·岁纪》记载：每岁正月，僧人游皇城祈福，"自东华门内，经十一室皇后斡耳朵前，转首清宁殿后，出厚载门外"㉜。这十一座皇后斡耳朵位于延春阁东侧（今北京景山公园东门内）。也黑迭儿丁官衔中的"茶迭儿"乃蒙古语"庐帐"之意㉝，那么元大内十一皇后斡耳朵当即也黑迭儿丁的杰作。

元大都的土耳其浴室

元故宫延春阁西北有一座皇家浴室。王士点等编《秘书监志》记载："至元十年九月十八日，秘书监扎马剌丁于万寿山（今北海白塔山）下浴堂根底爱薛作怯里马赤奏：'皇帝委付奴婢与焦大夫一处秘书监里勾当来有。圣旨：画字底再奏者么道。奴婢为住夏勾当上与伴当每商量了，依着钦授，到宣命画字来。兼自焦大夫比奴婢先出气力多年，合在上头。'奉圣旨：'是有。先出力气来底做长者。'钦此。"㉞

关于万寿山下的浴堂，明初萧洵《元故宫遗录》记载："台东百步有观星台，台旁有雪柳万株，甚雅。台西为内浴室，有小殿在前。由浴室西出内城，临海子。海广可五六里，驾飞桥于海中。"㉟扎马剌丁又译"札马鲁丁"，是波斯籍穆斯林天文学家，至正初年入仕元朝，制造天文仪器，编纂历法和地志。1959年春，在西安市郊区元代安西王府遗址中发现一批波斯文阿拉伯数字幻方（图13），或称"阿拉伯幻方"（Magic Square）㊱。这批阿拉伯幻方埋在王府三个入口处，一共发现五块，每块放在一个石函里。据考证，这是波斯学者札马鲁丁1278年为西安王阿难达推算历法期间所作五块铁制《纵横图》㊲。

札马鲁丁日常办公地点在观星台，至元十年（1273）写奏

图13　元代安西王府出土波斯文阿拉伯数字幻方

折之地"万寿山下浴室"似在距观星台不远的"内浴室"（图14）。关于这座皇家浴室，《南村辍耕录》记载："浴室在延华阁东南隅东殿后，旁有盝顶井亭二间，又有盝顶房三间。"至元十年，元大内宫殿尚未落成，忽必烈暂驻万寿山（今北京北海琼华岛）广寒殿。观星台似乎亦未落成，札马鲁丁在延华阁浴室临时办公。这座浴室前三开间小殿和两间井亭皆为中国式"盝顶"建筑，但是浴室本身当系伊斯兰式"穹隆顶"建筑。

　　无独有偶，北京崇文门外天庆寺也有一座伊斯兰艺术风格的土耳其浴室。据单士元介绍，"全部用砖制造，工艺极精。传为元代之物品。抗战前，据中国营造学社鉴定，认为这座浴室圆顶极似君士坦丁堡圣梭非亚教堂……是可能为元代建筑（见一九五三年古物保护委员会工作汇报）"⑧。至元十五年（1278），元朝才开始在景德镇设浮梁磁局，那么万寿山下浴室和崇文门外天庆寺浴室一样，采用元大都附近窑场的白琉璃砖瓦，而非景德镇浮梁磁局的白瓷砖瓦。

　　据我们调查，也黑迭儿丁对元大都宫殿的规划和布局（图14），主要参考了蒙古汗国首府——哈剌和林城⑨。和林城正南门建于漠北名泉"汤泉池"之北，而元大都宫城正南门崇天门与之相仿，建在燕京名泉"大庖井"（今北京故宫传心殿内）西北。如前所述，和林城南郊汤泉池是蒙古大汗"混堂"所在地。亦黑迭儿丁在元大都皇宫正门崇天门西南金水河畔也设计建造了一所"混堂"（图15上），与奥斯曼帝国女苏丹忽伦浴室（图15下）相仿。这座元代浴室一直保存至今，今称"浴德堂"。

　　正如单士元指出的，浴德堂当为元代伊斯兰艺术风格的浴室。不过，他认为浴德堂属于元大内崇天门外大都留守司衙

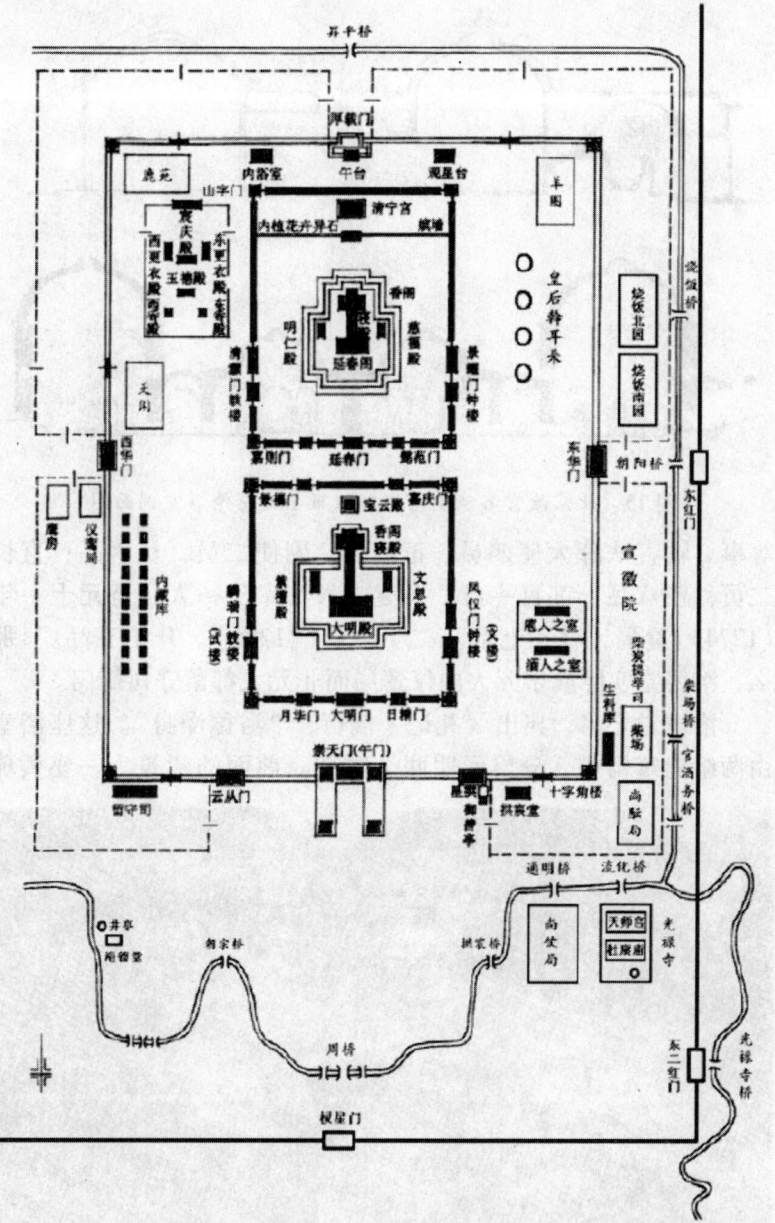

图 14 元大都宫殿布局复原图

门[40]，则不一定正确。《元史·百官志》记载："仪鸾局，掌殿
庭灯烛张设之事，及殿阁浴室门户锁钥，苑中龙舟，圈槛珍异
禽兽，给用内府诸宫太庙等处祭祀庭燎，缝制帘帷，洒扫掖庭

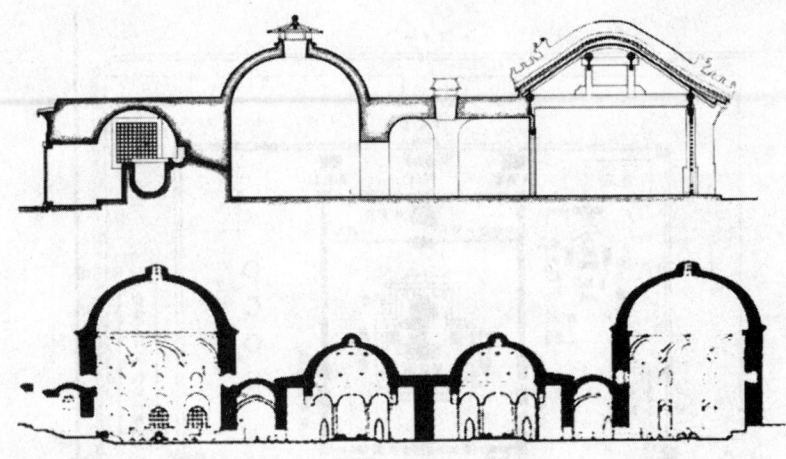

图15 北京故宫浴德堂与伊斯坦布尔城忽伦浴室剖面图

等事。轮直怯薛大使四员,正五品;副使二员,从六品;直长二员,正八品;都目一员,书吏二人,库子一人。至元十一年(1274)置局,秩正七品。二十三年(1286),升正五品。"那么,浴德堂实际属于元大内仪鸾局而非元大都留守司衙门。

浴德堂之名,典出《礼记·儒行》"浴德澡身"。这座浴室由两组建筑构成,分属元明两个时期。前面的建筑为一座黄琉

图16 俯瞰浴德堂

224

璃瓦顶、面阔三间的殿堂，大概是更衣、休息之处，属于明代建筑（图16）[41]。1972年，北京故宫博物院工程队在挖灰池取土时发现了一批元代琉璃质料的建筑遗物和各类瓷器文物资料。出土地点一处在清宫内务府遗址附近，另一处在神武门以西的北墙下，都属于元朝皇宫大内的范围。其一为"白琉璃瓦头，残，长10.5，宽7.5，厚2.1厘米，作如意头形，线条比较挺直，转折弧度很小，白胎，质地较细，颜色比较正，白釉，莹润光亮，釉面泛出银色光泽，中心装饰为流云，从残件可以看出这是一件筒瓦的瓦头，筒瓦的延续部分，所以龙爪延伸到瓦头上来"[42]（图17左）。这件龙纹白琉璃筒瓦，显然是元代浴德堂之物。

图17 浴德堂出土元代龙纹白琉璃瓦残片

据单士元调查，有一次维修北京故宫时，在浴德堂地下发现白琉璃瓦残片（图17右）[43]。陶宗仪《南村辍耕录》记载："兴圣殿七间，东西一百尺，深九十七尺；柱廊六间，深九十四尺。寝殿五间，两夹各三间，后香阁三间，深七十七尺……白玉石重陛，朱阑。涂金冒埇覆以白磁瓦。碧琉璃饰其檐脊……延华殿五间……白琉璃瓦覆。"[44]由此推测，元代浴德堂本用白琉璃瓦顶，明永乐帝重建紫禁城才改为黄琉璃瓦顶。

早在汉唐时代，中国工匠就掌握了砖券顶或穹隆顶技术，但是一般只用于砖室墓[45]。在中东伊斯兰文化的影响下，元代工匠开始将穹隆顶用于地面建筑，亦称"无梁殿"。浴德堂前殿后墙开有券门，通向一条券道式的走廊，由此与坐落在殿后的浴室相通。浴室四壁、穹顶和整条券道式走廊，全部砌贴景德镇窑白瓷砖,浴室面积约16平方米,四壁墙体厚达1米以上⑥,实乃浮梁磁局烧造的最大的元代瓷器。正如明代郎瑛对杭州"混堂"的描绘一样,浴德堂采用穹隆顶,在穹顶正中开采光透气的小圆天窗(图18),堪与奥斯曼苏丹后宫忽伦浴室(图19)相媲美。

图18　浴德堂内景　　　　　图19　奥斯曼苏丹后宫忽伦浴室

《元史·百官志》记载:"大都凡四窑场,秩从六品。提领、大使、副使各一员,领匠夫三百余户,营造素白琉璃瓦,隶少府监,至元十三年置,其属三:南窑场大使、副使各一员,中统四年置;西窑场大使、副使各一员,至元四年置;琉璃局大使、副使各一员,中统四年置。"凡此表明,浴德堂出土白琉璃瓦是在元大都窑场烧造的。1278年,元世祖忽必烈在江西景德镇设浮梁磁局,《元史·百官志》记载:"秩正九品,至元十五年(1278)立,掌烧造磁器,并漆造写马尾棕、藤笠帽等事。大使、副使各一员。"江西文物考古研究所在景德镇湖田窑遗址发现过元代白瓷砖、龙凤纹白瓷瓦当(图20),说明浴德堂的白瓷砖是元朝浮梁磁局在江西景德镇烧造的。

元故宫兴圣宫亦使用白瓷砖瓦,关于兴圣宫的年代,《元史·后妃传二》记载:"至大元年(1308)三月,帝为太后建兴圣宫,给钞五万锭,丝二万斤。"那么,浴德堂当建于至元十五年与至大元年之间(1278—1308)。元大都皇宫的设计者、波斯建筑师也黑迭儿丁生卒年不详,这个家族四代子孙皆供职于元

图20　景德镇湖田窑出土白瓷建材

朝工部，那么这座波斯建筑风格的浴室当出自也黑迭儿丁或该波斯家族某位建筑师之手。浴德堂用浮梁磁局烧造的白瓷砖瓦兴建，必为蒙古大汗皇家浴室无疑。

19世纪法国画家爱德华·德巴·蓬桑（Éouard Debat–Ponsan）的名作《土耳其浴室按摩》（Le Massageau Hamam），生动描绘了中东穆斯林贵族的奢华生活，现藏法国图卢兹市奥古斯丁博物馆（Musée des Augustins）。画中描绘一位阿拉伯妃子在富丽堂皇的浴室中享受黑人女仆按摩。明初叶子奇《草木子》说："北人（指蒙古人）女使，必得高丽女孩童。家童必得黑厮。不如此，谓之不成仕宦。"蒙古大汗蓄养黑奴，在哈剌和林城兴建"混堂"，在元大都兴建波斯艺术风格的浴室，实乃引进中东穆斯林上层社会骄奢淫逸的生活方式。

总之，元帝国开创了中西文化交流的又一个黄金时代。波斯建筑艺术随伊斯兰教的东传，极大地冲击了中国传统建筑。由于波斯建筑大师也黑迭儿丁参与规划建设，波斯人的建筑理念甚至影响到元朝皇家建筑艺术。元故宫土耳其浴室的发现相当重要，为我们研究元代波斯建筑艺术之东传提供了又一重要实例。

2012年5月13日于京城蓝旗营寓所

注释：

①陈垣：《元西域人华化考》，上海：上海古籍出版社，2000 年重印本，第 98 页。

②［美］希提著，马坚译：《阿拉伯通史》上册，北京：商务印书馆，1979 年，第 395 页。

③Cf. "Islam", *The New Encyclopedia Britannica*, 2005.

④Godfrey G. Goodwin, *A History of Ottoman Architecture*, London: Thames & Hudson Ltd, 1971 (reprinted 2003）；罗世平、齐东方：《波斯和伊斯兰美术》，北京：中国人民大学出版社，2004 年，第 244—245 页。

⑤Nasser D. Khalili, *Islamic Artand Culture*, New York: The Overlook Press, 2005, p. 115.

⑥［美］柔克义译注，何高济译：《鲁布鲁克东行记》，北京：中华书局，1983 年，第 292 页。

⑦据白石典之调查，西夏 1 尺 =29.6 厘米，西夏 1 里 =1800 尺（与唐代尺度相同）；元代 1 尺 =31.6 厘米，元代 1 里 =1200 尺（［日］白石典之：《モンゴル帝国史の考古学的研究》，东京：同成社，2002 年，第 130 页）。

⑧（清）虫天子辑：《中国香艳丛书》，北京：人民文学出版社，1992 年，第 657 页。

⑨Sergei V. Kiselev (ed.), *Drevniye Mongol'skiye Goroda*, Moscow: Nauka, 1965, p. 281, fig. 143.

⑩Sergei V. Kiselev, op. cit. , p. 282, fig. 144.

⑪（明）曹昭撰，王佐补：《新增格古要论》，杭州：浙江人民美术出版社，2011 年，第 255 页。

⑫［波斯］拉施特主编，余大钧译：《史集》第三卷，北京：商务印书馆，1985 年，第 72 页。

⑬王国维：《王延德使高昌记》，《王国维遗书》第八册，上海：上海书店出版社，1983 年，第 132 页。

⑭D. A. Mackenzie, A Concise Pahlavi Dictionary, London: Oxford University Press, 1971, p. 35；希提，前揭书，第 944 页。

⑮陈宗振：《中国突厥语语言词汇集》，北京：民族出版社，1990 年，第 376 页。

⑯Dietrich Huff, "Qal'a – ye Dukhtarbei Firuzabad. Ein

Beitrag zur sasanidischen Palastarchitektur", *AMI*, N. S. 4, 1971, pp. 136.

⑰（明）郎瑛著，安越点校：《七修类稿》上册，北京：文化艺术出版社，1998年，第188—189页。

⑱冯承钧译：《马可·波罗行记》，上海：上海书店出版社，2001年重印本，第359页。

⑲［法］谢和耐：《蒙元入侵前夜的中国日常生活》，杭州：江苏人民出版社，1998年，第90页。

⑳王国维：《古行记四种》，《王国维遗书》第八册，上海：上海书店出版社，1983年，第142页。

㉑陈得芝主编：《中国通史》第八卷，上册，上海：上海人民出版社，1997年，第831页。

㉒ J. A. Boyle, *The Successors of Genghis Khan*, *trans. From Rashdal – Dn : theJmal – Tawrkh*, NewYork, 1971. p. 23, note51.

㉓黄时鉴：《波斯语在元代中国》，原载《东西交流史论稿》，上海：上海古籍出版社，1998年；收入《黄时鉴文集》II，上海：中西书局，第150页。

㉔陈垣，前揭书，第98—99页。

㉕ D. A. Mackenzie, *A Concise Pahlavi Dictionary*, London：Oxford University Press, 1971, p. 79.

㉖［日］前岛信次：《元末泉州的回教徒》，《东洋文库英文纪要》第32卷，1974年；陈达生：《泉州伊斯兰教派与元末亦思巴奚战乱性质试探》，《海交史研究》第4期，1982年。

㉗萧启庆：《忽必烈"潜邸旧侣"考》，《内北国而外中国》上册，北京：中华书局，2007年，第132—133页。

㉘（元）虞集：《大都城隍庙碑》，《道园学古录》卷二十三。

㉙《元史·世祖纪五》。

㉚（元）陶宗仪：《南村辍耕录》，北京：中华书局，1985年，第250—257页。

㉛徐苹芳：《元大都也里可温十字寺考》，《中国考古学研究——夏鼐先生考古五十年纪念论文集（一）》，北京：文物出版社，1986年，第309—316页。

㉜（元）熊梦祥著，北京图书馆善本组辑：《析津志辑

佚》，北京：北京古籍出版社，1983 年，第 216 页。

㉝陈垣，前揭文，第 99 页。

㉞（元）王士点、商企翁编次，高荣盛点校：《秘书监志》，杭州：浙江古籍出版社，1992 年。

㉟（明）萧洵《元故宫遗录》，引自（清）于敏中编：《日下旧闻考》第 1 册，北京：北京古籍出版社，1983 年，第 487 页。

㊱黄时鉴，前揭文，第 149—150 页。

㊲温玉成：《元安西王与宗教》，《考古与文物》1984 年第 4 期，第 95—97 页。

㊳单士元：《故宫武英殿浴德堂考》，《故宫博物院院刊》1985 年 3 期，第 48 页。

㊴林梅村：《元大都城制的渊源》，《紫禁城》2007 年第 10 期，第 186—189 页。

㊵单士元：《故宫武英殿浴德堂考》，《故宫博物院院刊》1985 年 3 期，第 45—46 转 68 页。

㊶王子林：《故宫浴德堂浴室新解》，《紫禁城》2011 年第 11 期，第 22—27 页。

㊷李知宴：《故宫元代皇宫地下出土陶瓷资料初探》，《中国历史博物馆馆刊》1986 年第 8 期，第 74 页，图二—2。

㊸单士元，前揭文，第 47 页。

㊹（元）陶宗仪：《南村辍耕录》，北京：中华书局，1956 年，第 254 页。

㊺赵化成、高崇文等编：《秦汉考古》，北京：文物出版社，2002 年，第 105—108 页；齐东方：《隋唐考古》，北京：文物出版社，2002 年，第 56—117 页。

㊻王子林，前揭文，第 22—27 页。

㊼江西省文物考古研究所、景德镇民窑博物馆编：《景德镇湖田窑址》下册，北京：文物出版社，2007 年，彩版 154。本文所引元代凤纹白瓷瓦残片，为作者在湖田窑博物馆和江西省文物考古研究所库房拍摄。

本文原载《紫禁城》2012 年第 9 期，第 16—27 页

230

[伊朗] 乌苏吉讲述　王一丹翻译

中国与伊朗的历史联系
——以海上丝绸之路为中心的考察

　　穆罕默德·巴格尔·乌苏吉　1959 年出生于伊朗拉尔。1989 年至 2001 年就读于德黑兰大学历史学专业，获历史学博士学位。现任德黑兰大学历史系教授、北京大学国际汉学家研修基地访问学者。主要研究领域为蒙古史（伊利汗国与帖木儿汗国时期）、波斯湾及海路交通史。

　　王一丹　1966 年出生于中国广东省。1982 年至 1987 年就读于北京大学东语系波斯语专业。1990 年 7 月获北京大学东语系波斯文学专业硕士研究生学位。1999 年获德黑兰大学文学与人文学院波斯文学专业博士研究生学位。现任北京大学外国语学院教授、北京大学伊朗文化研究所所长。

在开始讲座之前，我要先向大家道歉，因为我不会讲汉语，只能用我自己的母语波斯语在这里做讲座。同时，我也要感谢王一丹教授同意来给我做翻译，我感到非常荣幸。

我的讲座内容大家从宣传单上已经看见了，我主要是谈中国和伊朗的历史关系，是从海上丝绸之路这个角度来看的。我的讲座主要分为三个部分：第一部分可以说是前言部分，主要是总的概述一下中国和伊朗的历史关系；第二部分主要是讲中国和伊朗的海上交通，在这个部分我会把中国和伊朗的海路交通的历史初步分为四个阶段，每个阶段都会以一些实物来说明；在讲座的最后一部分，即第三部分，我将向大家介绍比较新近的与中国和伊朗海路交通有关的一些考古发现，主要是一些碑铭。

需要向大家说明的是，我在这里介绍的一些观点，应该说还是我自己正在研究和思考的观点，不一定很成熟，我在向大家介绍这些观点的同时也会介绍一些相关的实物，主要是为了给大家提供更多的线索，让大家了解这里还有很多可以进一步深入研究的空间。第二点需要先说明的是，中国和伊朗的历史关系非常悠久，而且内容也非常丰富。我这个讲座的主要侧重点是中国和伊朗的海上关系，尤其是通过商业贸易建立起来的这种海上关系。所以，我会更多地关注伊朗的南部，即波斯湾沿岸的港口城市同中国东南沿岸港口城市之间的关系，特别是贸易关系。

研究中伊关系史实际上不是一个新的课题，实际上世界各国的很多学者都在从事这项研究，并且已经取得了很多成果。就伊朗人来说，他们关注中国也不是从现在才开始。比如说在伊朗的历史上，在 700 年前，有一位非常重要的历史学家叫拉施都丁，他就曾经写过不少的著作，是关于中国文化的，这些著作都非常的宏大，而且都存留了下来，他因此被称作是最早一位研究中国的伊朗专家。

各国学者从事中国和伊朗历史关系的研究已经有很多年了，而且也做了很多工作。但是，中国和伊朗的历史关系，实际上是一个非常大的课题，也还有很多工作没有做。这可以从两个角度来说。首先，就是历史悠久，幅员辽阔。我们看到的材料显示，伊朗和中国这两个国家，或者说这两个民族之间的关系有两千多年的历史，见于文字记载的关系就长达 2200 年了，历史很长。另外，由于幅员辽阔，或者说空间非常宽广，古代伊朗的波斯帝国——阿契美尼德王朝，它的疆域跟中国几乎是接壤的。从波斯帝国到安息王朝，再到后来的萨珊王朝，这个帝国的东部跟中国关系非常密切。由于地域广阔，因此有很多值得研究的领域，还有很多细节我们实际上还没有真正的了解。

伊朗和中国的历史关系，还不仅仅体现在这两个国家之间的联系上，这就是我们要谈的另一个角度。伊朗由于特殊的地理位置，是处在一个中间的位置上，所以它在联系中国和西方之间起了很大的作用，即一个桥梁或者是一个中介的作用。这样它就在联系东西方的文明方面发挥了很大的作用。对于这种东西方之间的联系，我们今天非常熟悉的一个词就是丝绸之路，贯穿东西的这样一条道路。在这条道路上不只是物品在交换，文化和思想各方面也在进行着交换。可以说，由于伊朗处在这样一个特殊的地理位置上，处在丝绸之路的中间，所以它是最早和中国发生了文化和贸易联系的民族。

我们所说的丝绸之路，大家比较熟悉的应该是陆上丝绸之路。但事实上，从交通路线来划分的话，我们可以把丝绸之路分为两种，一个是穿过欧亚大陆的陆上丝绸之路，另外还有一个就是通过海洋来进行交流的海上丝绸之路。在这两条路上不只是物品在交流，思想、文明各方面也都在进行交流。关于中国和伊朗的海路交通，其实也有不少文献涉及。一方面是波斯语文献，有不少例子，另一方面是汉语文献，里面也有大量记载，都可以显示海上交通是很早就存在了。我在这个讲座里，将着重把海上交通的这种联系向大家描述一下，同时要说明还有很多空间需要我们进一步去探索。我们现在不断发现的一些实物的例子，可以有助于我们更好地理解海上交流。这种海上的联系可能超出大家的想象，也就是更早于我们能想象的年代。我们一般都知道陆上丝绸之路很古老，但事实上海上丝绸之路的历史也非常悠久，也有两千多年的历史。我们在波斯文献里找到的一些材料显示，在很早的时候，波斯湾和中国海之间就有互相的贸易往来了。

我根据自己的研究把中国和伊朗的海上交通史分为四个阶段，每个阶段都有相关文献的支持，还有一些实物的例证。第一个阶段，我把它确定在公元前 200 年这个时候，在伊朗就是安息王朝，或者叫做帕提亚王朝，中国文献里边也记载了这个王朝，把它称为安息。安息王朝或帕提亚王朝的统治大约持续了 480 年，在这么长的时期里，安息王朝的版图曾经非常广阔。它的北部和东部，即内亚地区，基本上和中国是相邻的，所以和中国文明很早就发生了联系。这里所说的公元前 200 年的时候，中国海和波斯湾之间的贸易非常活跃，不仅波斯语材料，而且中国的材料，即汉语文献，都可以证实这一点，甚至还有东南亚，比如说马六甲海峡，还有印度洋沿岸，也有很多发掘出来的材料可以证实这一点。

这就向我们提出了一个问题，为什么这个时期的海上联系会这么活跃，我试图来找到这个问题的答案。我们所说的第一阶段海上交通显得特别活跃，很多实物和文献的例证都说明了这一点。为什么会这样呢？我研究发现，因为正好在这个时期里，伊朗与中国的陆上联系受到了阻碍，两个国家在这个时期不能很顺利地通过陆路来发展交通，所以，海路就变得特别活跃起来。

在一幅以喀什为中心的中伊古代陆上交通图上，我们可以看到中国和伊朗之间的交往要经过的地方。我们可以看到这个地图上一个很重要的城市以及它周围的城市，这就是喀什、和田这一带，也就是中国的新疆。中国和伊朗之间最早的交往应该是通过这个内陆地区来进行的。如果这个地方的形势发生变化，比如说发生了战乱或者别的什么问题，这个地方的交通被阻断了，那么这两个国家或民族之间的联系就没有办法进行了。在这个地图上有几条不同颜色的线，表示丝绸之路的不同路线。总的来看，它是经过了伊朗的北部，再经过新疆，然后到北京这边来的，这几条路线显示出大致的路线很相似，都要经过伊朗。

图上显示在伊朗境内有多条路线经过，然后都在一个地方汇合了，这么多条路线都要经过同一个地方，那就是喀什。喀什在波斯语文献中被称为"通往中国的门户"。也就是说这些路线都要先经过这里，然后进入中国内陆，这说明它的位置非常重要。从这个地方，我们看到向西边走可以一直通往威尼斯，这是丝绸之路西端；而在东端，可以一直通往北京或者更远的地方。喀什处在这么重要的一个交通位置上，如果喀什这里不安全，或者出现什么问题了，那么商人就不能再在东西方之间旅行并从事贸易了。内陆的这条道路走不通，而商人又必须继续他们的贸易，这时候怎么办呢？他们就必须另找新的途径。我们可以看到，他们改选了南边这条路，也就是沿海的这条路。从波斯湾一直到印度及东南亚，穿过马六甲海峡，然后一直到中国海。

在波斯文献的记载中可以看到，大约有过四次比较重要的时期出现过这种情况，也就是在这四个阶段中，北方的路线被阻塞了，海路也就相应地变得特别发达。所以我在这里的分期实际上跟陆上交通有很大的关系：当陆上交通比较困难或无法进行的时候，海路交通就相应地活跃起来。

这四个阶段，我分开来讲，实际上每个阶段都是因为有别的民族，主要是游牧部落，控制了陆上的路线，所以造成了交通的阻塞。比如说公元前200年，就是刚才我们说的安息王朝的时候，有一个很重要的民族，即汉语文献所说的月氏，控制或者进攻了喀什，即中国西北这一带，在这边造成了不稳定或者是战乱。所以这个时候，这里的交通就受到了影响。

第二个阶段，也就是伊朗的萨珊王朝时期，公元420年前后。在这个阶段，中国西北或者中亚这一带地方又由于另外一个民族的侵入造成了阻隔，这就是我所说的哒哒人，或者叫白匈奴。他们在这个地方征战，占领了中国西北，或者亚洲中部的大片地区。萨珊王朝和中国通过内陆的交往又受到了影响，所以海路又一次发达起来。

第三个阶段，也就是公元7世纪，伊朗的伊斯兰时期刚刚开始的这个阶段。这个时期从中国的北方，从亚洲北部，主要有突厥民族来进攻伊朗高原，造成了这一地区的局势不安定，因此也就造成了海路相应地发展较快。

第四个阶段，也就是公元13世纪，特别是在成吉思汗去世以后，他的几个儿子之间发生了权力斗争，造成了中亚或者内亚一带的动荡，有一段时期这个地方陷于混战，所以海路就转而发达。

总而言之，在伊朗不同的历史时期，由于各个阶段都有外来民族或者游牧民族侵入，造成陆上交通的阻塞，陆路交通不畅，伊朗的商人只好转而改走海路来经商贸易，这就造成了海路的发达。这是我个人研究的一个心得。

在我们这个讲座中，我试图针对每一个阶段都为大家提供一些文献和实物的例证，不只是波斯语的，也有汉语的。这些例证中有一些是新发现的。

最早提到中国的伊朗语文献是安息王朝的一个宗教文献，叫做《阿维斯塔》，这是伊朗琐罗亚斯德教的经书。这个经书里将世界分为七个疆域，在这七个疆域里面，最东边的一个地方就是中国。文献里提到了中国的名字，今天波斯语我们叫做 Chin 的，在早期的文献里面是 Chinestan，就是中国这个地方。

关于安息王朝和中国之间的交通，实际上有很多文献、很多记载都不是新东西，但是我今天要给大家看几个新的发现，也就是第一次向大家作介绍，这些发现显示了中国和伊朗之间的海上联系。海上联系的文献和实物相对于陆路来说少得多。有幸的是，我在广东博物馆及海南博物馆，看到了一些考古发掘出来的文物，做了一些研究，这里给大家介绍一下。我们在研究这种历史关系的时候经常会问一个问题：这种联系最早是从什么时候开始的？我们有一些文献提到中国文字，但是无法确定它到底是具体从什么时候开始的。我很高兴的是在广东博物馆的发现，这里给大家看的这个实物就来自广东博物馆，它是在当地发掘出来以后，在博物馆里保存起来的。这是一个非常重要的实物，显示了中国和伊朗在海上的联系最早起码可以追溯到什么时候。

这个实物是一只银碗（图1），是银质的。它是伊朗制造的，特别重要的一点就是它的风格是非常典型的伊朗风格，用专门的术语来说就叫做花瓣

图1　银碗（广东博物馆藏）

形银碗，因为它的形状是花瓣形的。另外还有一点很重要，就是它外面刻有文字。这种文字经过释读可以断定是安息王朝的巴列维语。巴列维语是中古波斯语，我们以前管它叫做婆罗钵语。这种文字是从右往左看的。这是公元前2世纪在安息王朝通行的文字。上面的这几个词，现在存在着不同的释读，伊朗专门释读这种文字的专家们有两种读法。它是一个非常明确的证据，表明在公元前200年的时候在中国和安息之间有了货物交换的关系。

我要说的第二个器物是在广州的另外一个博物馆，是南越王墓出土的一个金和铜合金的器物（图2）。这也是通过海路来到中国的一个伊朗制品，它的时间大约是在公元前200—前100年之间。这种风格是在伊朗非常常见的一种风格，它凸起的纹饰也和刚才那

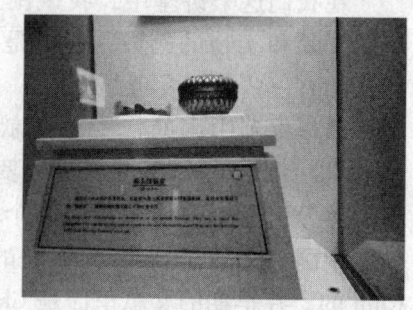

图2　金铜合金器物（南越王墓博物馆藏）

个一样叫做花瓣纹。大家看到它是有盖子的，里面可以放东西，比如放礼物。这样精致的一件器皿里面放的礼物应该是献给国王或是贵族的。

图3　Fluted bowl of Persia

刚才看到的是在广州发现的，在伊朗也有同样的或类似的发现。例如这个器皿（图3），大家看它的风格很相似，另外还有一点是它上面刻有文字，这是萨珊王朝的文字。这两种器物之间的相似能够说明我们在南越王墓发现的这个盒子是属于伊朗安息或萨珊时期的。

我们知道，通过陆路交通传进来的物品比较容易保存下来，所以陆路交通的实物更多一些。通过海路交通传过来的更难保存，因为它容易掉到海里面去，然后就没有了，找不到了，或者说，它更容易毁坏。所以，在南方港口发现的这些东西，就

显得特别的重要。它能够非常确定地告诉我们，在安息王朝的时候，中国和伊朗之间在海上的物品交换就已经存在了。

刚才是第一阶段的相关材料。现在我们要讲第二个阶段，有另外一些波斯语材料。在第二个阶段，我们刚才说过在北方，在陆路，因为有哒哒人，北方陆路交通不安全、不稳定了，所以海上交通发达起来。在这个时期，因为海路交通非常发达，所以，航海人员还绘制了航海地图，我们对这个时期的了解可以通过地图得以加深。我们现在看到的是1100多年前绘制的地图（图4），它是根据萨珊王朝的一幅古航海图描绘下来的。可以说这是最早的一幅海上丝绸之路地图。这个地图大家看起来可能觉得很奇怪，看不明白它是怎么回事，这需要解释一下。我们看到的这些就是沿岸的港口城市，上面都写了波斯语名称，是沿岸港口的地名。比如，我们可以看到上面有伊朗波斯湾岸

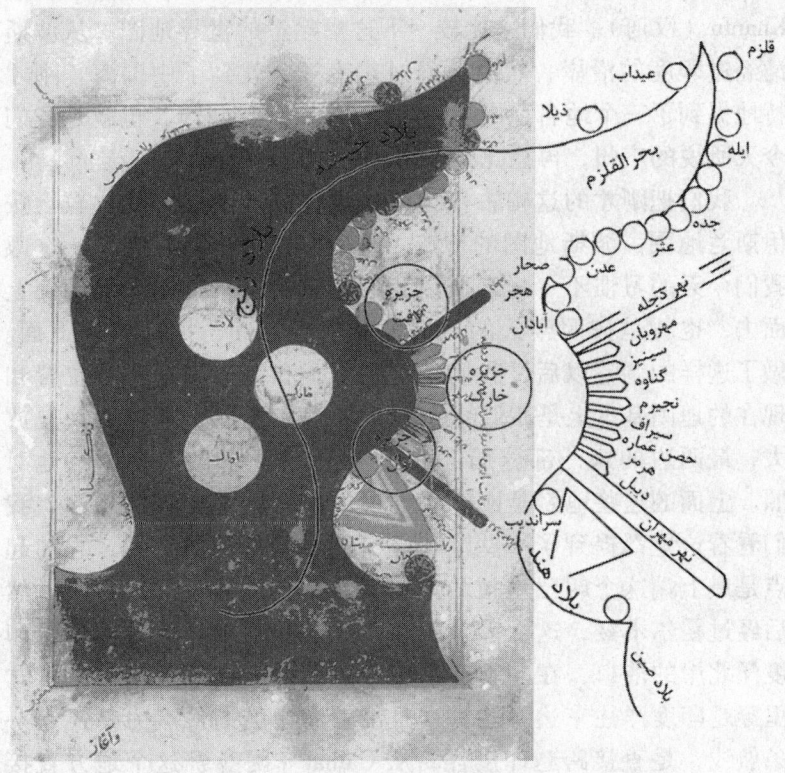

图4 《道里邦国志》中的海上丝绸之路地图

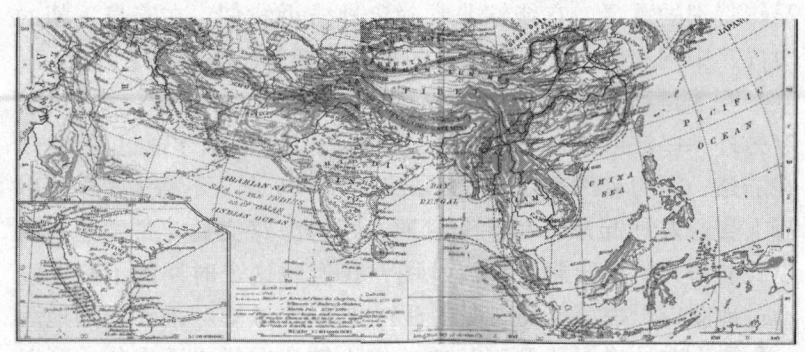

图 5　波斯湾至中国海沿岸地图

边一个重要的港口城市，叫做锡拉夫。我们往下看，最底下的
就是中国海。这就是从波斯湾沿着印度洋海岸一直走到中国海
的沿岸地图（图 5）。这是按照地图所示画的路线。这下面的文
字是波斯语 Bilad-i Sin，也就是中国诸地。其中圆形的港口就是
Khanfu（汉府）。我们来比较一下这幅熟悉的世界地图。从波斯
湾经过印度的沿岸，然后再经过东南亚，就到了中国海。刚才
特地提到了三个地名，最南边的是 Khanfu（汉府），也就是我们
今天所说的广州，再往北是泉州，再往北是杭州。

　　我们把刚才的这幅古代地图跟现在的地图做一些比较。按
伊斯兰地图、波斯地图的传统，是南方在上、北方在下，这跟
我们今天的习惯不一样。所以我们把它倒过来，把下面调到上
面去，也就是按照今天的习惯把北放到上面，把南放到下面。
做了这样的调整以后，我们就看到中国和波斯湾这两个位置和
现在的地图基本上是相似的（图 6）。我们把最北边这一块儿放
大，最西边的这一部分局部放大（图 7），来做一个详细地对
照。上面的这些地名是刚才我们说的航海图上出现的地名。我
们看看这里都提到了哪些港口。我们看到这两条红线，它的起
点是最上端这个叫巴士拉的港口，然后是刚才说的锡拉夫，然
后经过霍尔木兹，这个港口现在仍然还很重要，然后再沿着印
度洋北岸的港口，在印度洋沿岸经过我们叫锡兰的港口，从这
里穿越印度洋往东边开去。这是沿着海岸的航线。另外还有一
条航线，是直接跨越印度洋，从 Qalhat（阿曼）这个地方直接
开到印度南端的城市。所以这里有两条航线。这里沿着海岸航
行应该比较容易，也比较安全，但是它的航行时间比较长。

240

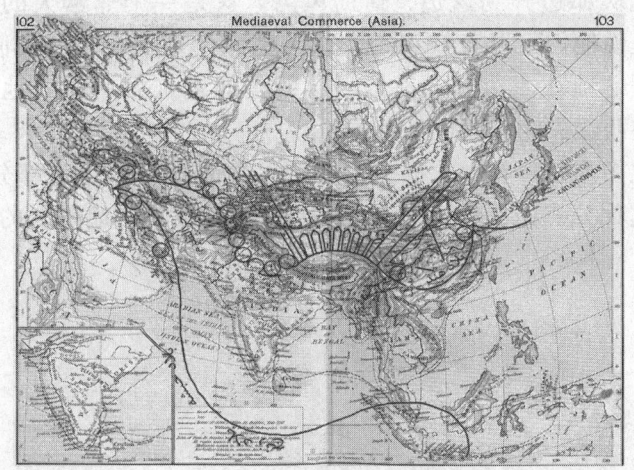

图6 古地图与当代地图中中国和波斯湾的位置基本是一致的

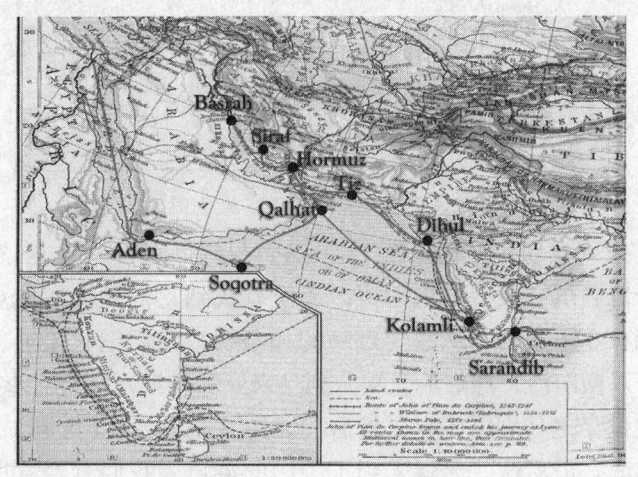

图7 海上丝绸之路西段地图

　　我们要特别讲到的是跨越印度洋北部的这条直接的航线,不是沿着海岸的这条线。这么多世纪以前他们是怎么做到不用沿着海岸来航行的? 古代的船只航行都要借助风力,用的是帆船。伊朗的航海家最早在安息王朝的时候就懂得利用风力从事海上航行了。季风一年活动两次,在第一季里的六个月,风是从南向北刮的,或者说是从东南刮向西北这个方向。在另外六个月,是反过来从西北刮向东南这个方向的。航海家利用风向的转换来进行海上贸易。他们知道风向往这边吹的时候,他们

241

的船就从那边开到这边，借助风力。这是一个非常大的进步，也就是说他们可以直接利用季风跨越海洋来航行了。我们还可以看到继续往西边开的航线，也就是通过红海后进入地中海，这条往西边去的航线也是存在的。

现在我们来看刚才那个古地图里面最东边的这一部分（图8）。这部分我们看到的地名是刚才我们看到的古地图上的地名，

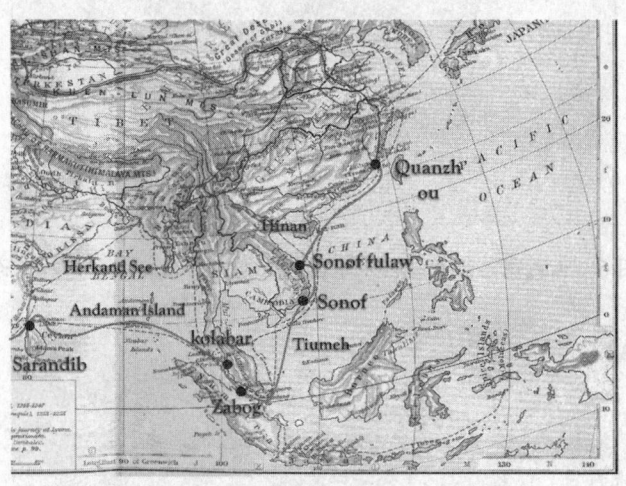

图 8　海上丝绸之路东段地图

我把它搬到我们今天的地图上，把它对号入座放进去。当然我还有两个地名现在没有办法对应，还没有找到它们具体的地点。我们看到在左下角刚才从锡兰过来的那条线，我们把它接上。从锡兰它可以横跨海，然后能直接开到马来亚和印度尼西亚这些地方。船从这里穿越马六甲海峡，然后往北边开到 Sonof（占婆），即现在的越南。最后这些船就来到了中国的港口，我们看到这里有泉州。把它们连在一起，就形成这样一个从西边到东边的路线（图9）。刚才说的就是伊朗的水手们最早描绘的航海路线。

下面我们进入第三个阶段，刚才我们说第三个阶段是在伊斯兰的早期，公元 7 世纪，这个时候是因为突厥民族侵入，控制了陆路，所以伊朗商人选择走海路的非常多。这个时期有大量的文献，相对于前两个时期，文献多得多。我从中间选取几个有代表性的文献给大家介绍一下，都是波斯语材料。这些材料能够说明，就在这个时期，我刚才划分的第三个阶段，波斯湾与中国的贸易是异乎寻常的发达和繁荣。

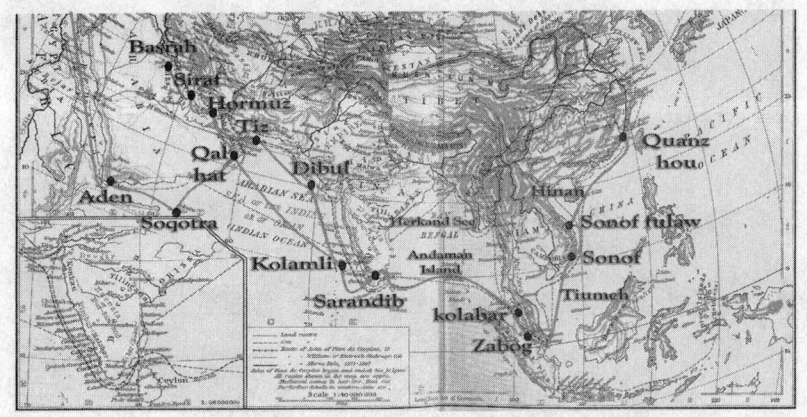

图 9   海上丝绸之路全图

　　我要介绍的是几部波斯语文献。第一部是一个叫比鲁尼的大学者所写的著作,是在公元 1050 年左右成书的。第二部著作的作者叫做伊斯塔赫里(Istakhri),他的著作我们有些人知道,叫做《道里邦国志》(*Masalik al-Mamalik*),他也是一个非常有名的地理学家。他和比鲁尼都是非常有名和有成就的历史地理学家。刚才所说的第一个学者比鲁尼,他的作品很多,是一个非常重要的学者。他是一个中亚人。他和我们讨论的话题有关的著作是这里列出的第二部,这本书是描述当时的世界,特别是伊朗的地理地形的。他有三本书都是关于当时他所了解的世界地理形势的著作,在这些著作里有一些地图和一些画,非常重要,因为它们非常直观地描绘出了当时人们所了解的世界。

　　我给大家看一下,这是比鲁尼著作《星相学基本原理》的一个古老抄本(图 10)。当时还没有印刷术,这种文献都是抄写的。它现在保存在伊朗议会图书馆。在他的各种作品中,这部著作很特别,它上边画了一些图,是讲地球,或者说我们生活的世界中的城市跟天上的星辰之间的关系。然后还介绍了当时所知的河流、大海。所以说它跟我们航海的话题有关系。我们看到的这幅图就显示了太阳和其他星辰的关系(图 11)。这本书大约创作于 1000 年前。其中有各种各样的图,所以看上去非常直观。在前面提到的这个地图上,我们看到有 7 个国度(haft keshvar),这是波斯的地理学传统,把世界分为 7 个国度。在比鲁尼那个年代,因为还不知道有美洲和大洋洲,所以地图

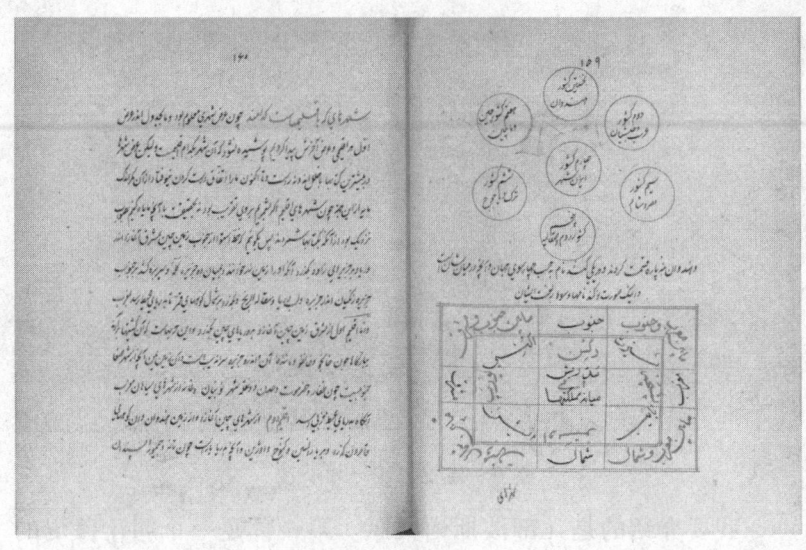

图 10　比鲁尼《星相学基本原理》（伊朗议会图书馆藏）

图 11　比鲁尼《星相学基本原理》（伊朗议会图书馆藏）

所显示的只是欧洲、亚洲和非洲的相关地区。我们刚才说过，在伊朗的地图里，南、北是倒过来的，跟今天不同，所以我们需要把它翻转过来。第一个国度是印度，在最南端；第二个在它的西北边，是阿拉伯；第三个是埃及；位于中间的这个是第四个国度，是伊朗，我们知道伊朗位于东西交通的中心地带，所以当时的伊朗人把自己放在这里；第五个国度是罗马（鲁姆）；第六个是突厥；第七个也就是在东边的这个，是中国。在伊朗民族传统中，"七"是人们最喜欢的数字，把中国放在第七，说明他们最喜欢这个国家。在比鲁尼的书里还讲到了中国海。他画了这个地图以后，还附上有关每个国家的说明。他在介绍中国的时候，对听到的有关中国的风俗习惯，这里的人民和地理情况作了一些说明，对我们来说最重要的是他介绍了中国的港口。他介绍的这些港口城市也就是刚才我们提到的海上丝绸之路上的中国城市，是可以互相印证的。这说明我们所说的第三阶段的海上交通非常繁荣。在书里，比鲁尼是这样介绍中国的："从东方开始的第一个国家就是中国，要经过中国海。这是一些大河，可以乘坐船只经过。在那里有一些港口，比如说 Khanju、Khanfu。"根据我们现在的理解，Khanju 就是杭州，Khanfu 就是广府，也就是广州。他接下来还介绍了怎么样乘船到这些城市来，到中国来应该运些什么样的货物，等等。这说明，在这个阶段海上交通更发达、更繁荣了，不但有各种各样的货物，而且商人对每个港口都很了解。

第二个我们要说的地理学家，刚才也提到了，伊斯塔赫里，就是著有《道里邦国志》这部作品的学者。在波斯的传统里面，这样的地理学著作更多地把关注的焦点放在道路上，城市之间的道路交通是他们非常重视的内容。这本书名中，Masalik 就是道路，各种道路，Mamalik 就是国家。我给大家选择了这本书的一个很古老的抄本，它收藏在伊朗的议会图书馆，这本书里面也有各种各样的地图。它用各种各样的颜色来表示世界上的各种地形，然后附有非常详细的文字说明。刚才我们最早看见的地图就是这幅地图（图4），它是临摹自更早的一幅古代地图。五颜六色的地图旁边，有很详细的介绍。这个就是刚才我们说到的世界地图。这图看起来很奇怪，如果没有说明大概看不懂。首先，我们把它的南和北倒过来。在伊朗人的地理观念里，整个世界的最外围都是海，我们是被海包围着的。我们看到在这幅地图上，最东边的那个地方就是中国海。这里还要介绍一下伊斯兰或伊朗的地理学家们有关世界的概念。我们刚才说过比鲁尼把世界分为七个国家，他们习惯用"七"来划分世界，这本书里他把世界分为七个地带。这个地带是根据气候来划分的，有七个气候带。这是另外一个地图，按照气候带划分。表面上的一圈蓝色都表示海洋,分属于七个气候带。这个箭头所指的是第一气候带,这个比较窄的是第二气候带,从上往下数,依次是第三到第七气候带(图12)。这就是古代对世界的一种划分,我们把南北按照今天的习惯倒过来(图13)。现在我们看

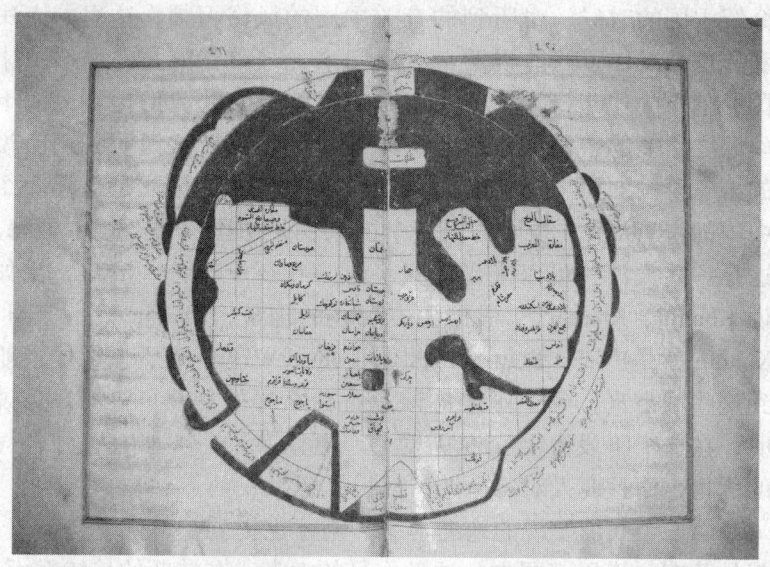

图12　比鲁尼《星相学基本原理》所划分的七个气候带

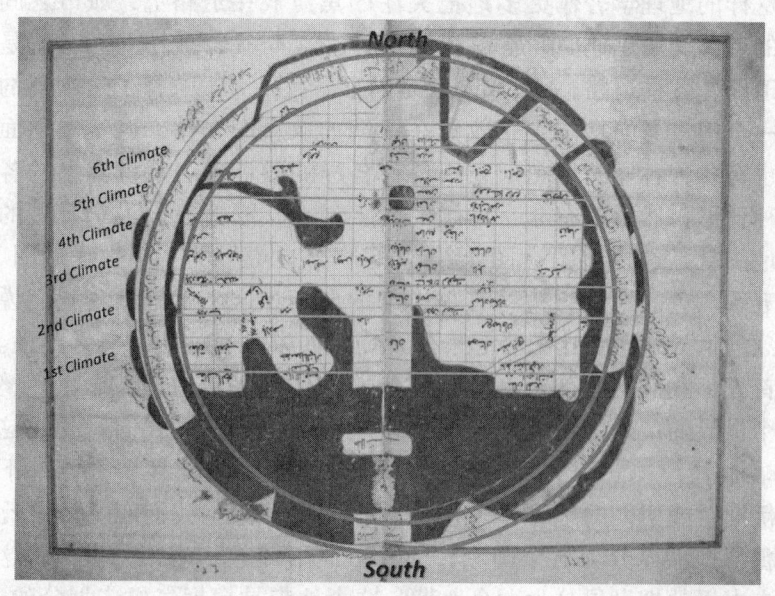

图13　倒转的比鲁尼地图

到在右上角是中国，有一个地名是哈喇和林，有西藏，还有中亚，叫做河中地。我们注意的是下面这个称呼，叫做中国群岛（Jazayer-e Machin）。那个凹进去的地方就是波斯湾。还有印度。经过了东南亚的那些半岛以后，就到了广东。就是说航船是沿着这个海岸线一直航行，最后到达中国海。这表明当时的水手对这个沿岸路线非常熟悉。"中国的群岛"这一带地方就有我们所说的广州。

　　这是另外一幅航海图（图 14）。这幅图很有意思，它除了

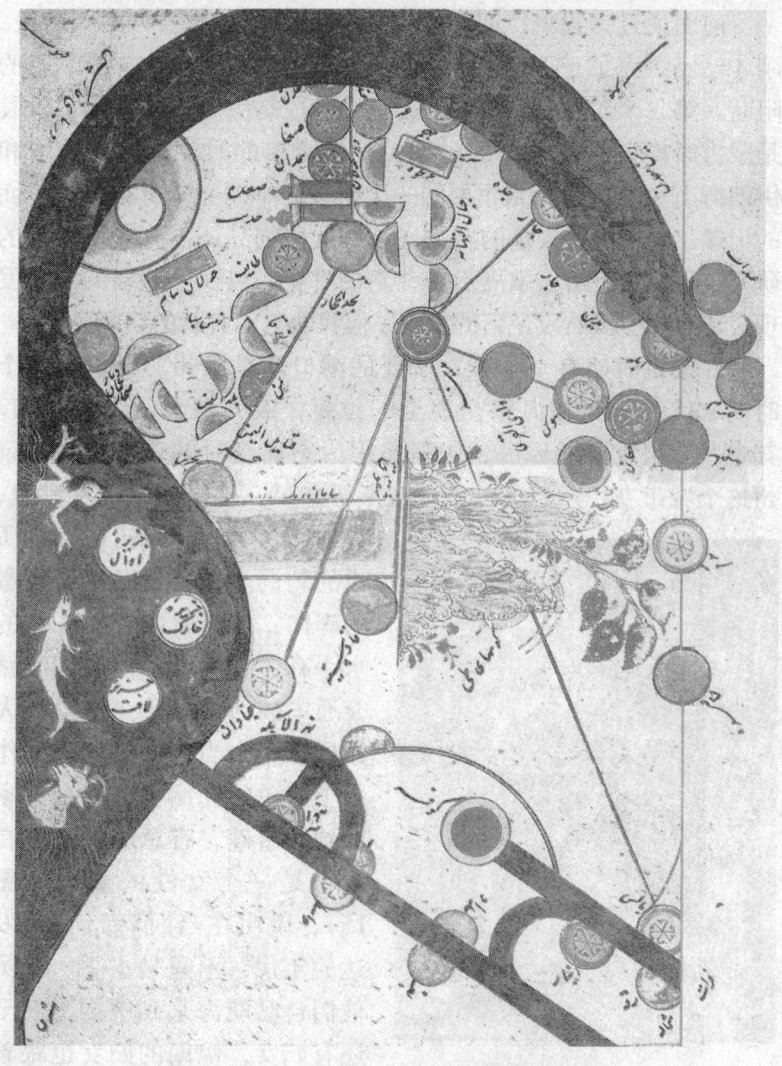

图 14　航海图——尤努斯及神圣之树

标示地名和航线以外，还把一些传说中的形象放到地图里面去了。图中有伊斯兰教传说中的一个先知的形象，后来被鱼吞到肚子里去了。这个先知的名字叫做 Yunus（或 Yunis），尤努斯。又比如说，在非洲那个地方画了一棵神圣之树。对我们来说，最重要的当然还是航海路线所经过的港口。最上端那个尖尖的形状，就是波斯湾。还有印度、马六甲海峡、中国海。我们把这个地图放到今天的地图上来对照，我们发现，这里画的地形可能并不准确，但是所画沿途的港口都非常清楚。

　　前面说过，我将伊朗和中国的海上交通史划分为四个阶段，刚才已经讲完了三个阶段。第一个阶段是月氏人造成了中亚的阻断，第二个阶段是哒哒人，第三个阶段是突厥人。第四个阶段是蒙古时期，成吉思汗的时期，是最重要的时期，这是中国和伊朗海上交通最繁荣最重要的一个阶段。中国文献有很多这方面的记载，同时也有大量的实物发现，这些物品还没有获得很好的研究。我在这里给大家展示一些新的碑铭，以及一些新的考古发现。还有一些虽然不是新的发现，但我对它们有新的解释。

　　在蒙古时期有一个非常重要的港口就是泉州。泉州在这个时期取代了广州在海路交通上的位置，成为最大的港口城市。其中一个很重要的原因，大概是因为它离当时的首都更近。泉州这个城市在伊斯兰文献、在波斯语文献，甚至在欧洲文献里，都被称为 Zaytun，就是汉语所说的刺桐。在泉州发现了大量的碑铭，与波斯或者阿拉伯的水手有关，记录了他们在海路交通中的活动。我在这里给大家展示几个当地的碑铭，并作一个简单的介绍。这一个大家看到的石碑，有意思的地方在于它是一个女性的墓碑（图15），说明在当时海路交通发达的年代，不只是水手、海员他们自己航海来到中国，甚至还有妇女，伊朗的妇女也跟着

图 15　泉州碑铭

他们一起到中国来了。这个碑铭上的文字，解释说这是一个异乡人的坟墓，她的名字叫做法蒂玛，她通过海路来到这里，然后在这里去世，埋葬在这里。

还有一些其他的碑铭。这是另外一个石碑（图16）。按照伊斯兰教的习俗，一个人去世以后要入土为安，埋葬在土里，同时要给他立一个石碑。这个碑铭的意思是说，这是一个来自异乡的人，在这里死去，他的名字是火者花剌子迷（Khwaja Kh-warazmi）。从他的名字来看，他应该是当地一个很富有的商人。下面有用阿拉伯语写下的他去世的日期，是在拉马丹月的 5 日去世的，那一年是伊斯兰历 709 年，大概

努内沙赫墓碑石

图16　泉州碑铭

相当于公元 1310 年，14 世纪早期的时候。这些全部都是泉州的石刻，他们中很多都是商人。

现在给大家介绍一个比较特别的地方：清真寺。有一座在元朝建造的清真寺，很重要的一点是它上面也有铭文，这个清真寺在那个时候建立起来，有一个特别的重要意义。特别之处在哪儿呢？在于它说明当时泉州的伊斯兰教徒，也就是阿拉伯人、波斯人非常多，他们在这个地方需要有清真寺。建立清真寺不是一件随意的事，应该是这里有一定的信徒、住了一定的时间以后才会产生这个需要。另外很重要的一点是：清真寺不是他们自行建造的，而是经中国政府同意之后在这里建造的。这个铭文很重要，很有意义，因为碑文里面写明了它建造的时间。从碑文来看，时间是伊斯兰历 722 年，比刚才我们看到的上一个墓碑稍微晚一点。另外还有一些注明了日期的碑铭。

这些就是刚才我们所说属于第四个阶段的实物。我们说这第四个时期是海路交通最繁荣最活跃的时期，我们刚才看到的这些碑铭只是一方面的证据。其实在汉语和波斯语文献里都有

大量的记载，而且考古方面还有很多别的发现。比如说，还发现了沉船，通过海上考古打捞起来了。这种考古的发现越来越多。

刚才介绍了很多波斯语文献，现在给大家展示一个记载了海上交通情况的汉语文献（图17），在这个文献里，大家可以

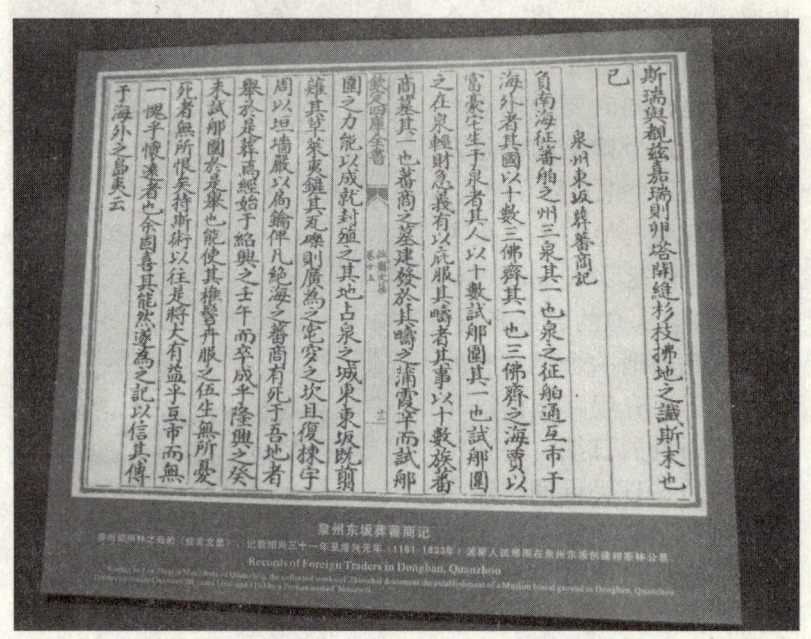

图 17 泉州汉语碑铭

看到在泉州，这里提到了波斯人，有一个叫"试那围"的名字，这个名字就是源自波斯语的锡拉夫（Siraf）这个港口城市。在伊朗人的习惯里，人取名字的时候，往往用自己的出生地或家乡的名字来做自己的姓。"试那围"就是汉语对 Sirafi 的音译，表明这个人是从锡拉夫这个地方来的。

我们刚才讲了四个阶段，对路线、港口都作了介绍。还有一个问题就是：通过海上交通交换的是什么东西？最重要的海上贸易商品有几种，一种是丝绸，这个大家都很熟悉；还有一种在波斯文献里被归为一类，叫"中国器皿"。先说丝绸，其中有一种非常有名的，在波斯被称为"刺桐的织物"，就是从泉州传到波斯的一种纺织品。这种"刺桐的织物"是在泉州生产的非常贵重华丽的丝织品。这种织物不只传到了伊朗，还从伊朗继续西传，传到了欧洲。所以在西方的文献里面也会提到这种

织物，而且提到类似这个名字的发音。在伊朗的外来纺织品里面，最多的就是中国的纺织品。

除了丝绸以外，另外还有一种叫"中国器皿"，实际上更准确地说就是瓷器。波斯语把中国传来的器皿叫做"中国的器皿"，实际上就是瓷器。像杯子这一类的瓷器很多是通过海上运输传到伊朗的。

此外，还有一类很重要的商品是香药。这是双方互相输入的，就是说中国有一些香料和药品传到伊朗，伊朗也有一些香药传到中国。这种香药或者说药用植物在当时的交换非常多。元朝的时候，甚至还由于皇帝的御用，在中国还编写了《回回药方》这样的药书。《回回药方》有一个手稿就收藏在中国国家图书馆。这里面记录了很多波斯和伊斯兰的药物名词。因为香药交流广泛，所以当时的人觉得需要编写一部词典。于是在中国编写了回族的药方，编写了回族的词典。

另外一方面，在波斯，也是因为有很多的中国工匠，中国医生、科学家、学者到波斯去，所以也有很多这方面的记载。比如说当时的文献记载：伊朗伊利汗王朝，也就是伊朗蒙古时期的统治者，他们请求从中国派很多的工匠到那边去。波斯语文献显示，有一些当时的建筑物是由中国的建筑师建造的。中国画家的画艺在波斯是非常有名的，直到今天还有一个说法，如果说一个人的画艺非常高超的话，就说他"像是中国的画家"。很多这样的文化、经济和科学方面的交流都是通过海路来完成的，并不仅仅是我们以前所认为的陆路。

最后，我给大家展示几个杭州的波斯语碑铭。刚才在讲座中，提到了中国广州发现的器物，后来又讲到了泉州的碑铭，现在我要介绍一下杭州，因为在前边提到的港口里面，这三大港口一直是一起出现的。不过我这里不再多作解释，只是展示一下碑铭。这是一块波斯语的碑铭（图18），是在杭州发现的，这样的碑铭在杭州还有不少。所以我们看到，在刚才说到的这三大港口里都有波斯文的实物，说明伊朗人的足迹遍布这些地方。

刚才讲的这四个分期，我主要一方面依据文献材料，另一方面根据考古发现的实物，两方面的材料结合起来，做了一个分期，分为这四个阶段。还有很多需要继续研究的细节，还有

典籍与文化 8

251

图18　杭州波斯语碑铭

很多东西虽然已经发现了，但是需要从一个新的角度来研究。我这里给大家介绍的只是我自己粗浅的研究心得。

这四个阶段中，我们刚才说了，最后一个阶段是最繁荣的阶段，但是也是最后的阶段。为什么说它是最后的呢？因为大家也知道，在16世纪以后，葡萄牙人、欧洲人通过航海来到了东方，他们占据了海上交通的主导权，所以在这以后，波斯湾和中国之间，或者说波斯人和中国人之间的这种航海贸易被切断了。可以说，明清时期这种海上贸易几乎就是完全中断了。很幸运的是，中断了几百年之后，近五六十年以来，波斯湾的伊朗人和中国港口之间的贸易又重新恢复了，而且越来越活跃。现在广州有很多波斯商人，中国的物品也重又通过海路传到了伊朗的波斯湾沿岸港口。所以，这是一个很令人欣慰的现象，说明海上交通的传统实际上还是能够延续下来的。

最后要说的是，在伊朗人的传统观念里，在波斯人的印象中，中国总是一个非常繁荣、强大、高贵而且富有人情味的民族。通过海路也好，陆路也好，传达的都不只是物质文明，还有很多精神上的东西，比如文化和科学的交流。希望这种传统、这种纽带能够一直承续下去。作为一个研究者，我像所有的学者一样，希望中国和伊朗双方这种古老的联系——不只是物质方面，而且是文明、精神方面——都能够一直传承下去。身为学者，我希望对这种联系能够起到一种促进作用。作为一个伊朗人，代表这个悠久古老的文明国家在这里给大家做讲座，我想传达的信息就是：希望我们的这种和平的纽带能够一直承续下去。

最后，感谢国家图书馆的组织和安排，让我有机会在这里做讲座，也感谢在座各位朋友的光临。谢谢大家！